Les enfants gâtés
la bonne terrine
Les enfants gâtés
la bonne terrine
Les enfants gâtés
la bonne terrine
Les enfants gâtés
la bonne terrine
Les enfants gâtés
la bonne terrine
Les enfants gâtés
la bonne terrine
Les enfants gâtés
la bonne terrine
Les enfants gâtés
la bonne terrine
Les enfants gâtés
la bonne terrine
Les enfants gâtés
la bonne terrine
Les enfants gâtés
la bonne terrine
Les enfants gâtés
la bonne terrine

愛蔵版 レザンファン ギャテのテリーヌ

terrine

Les enfants gâtés

一皿の美学　プロの技と珠玉のレシピ

世界文化社

Prologue

ようこそテリーヌの世界へ

Les enfants gâtés（レザンファン ギャテ）はわずか24席、
「わがままに育った子供たち」という店名通りの
大人のためのフレンチレストランです。
店内は、アール・デコとミッド・センチュリー・モダンが
融合したオーナーのこだわりのシックな空間。

Les enfants gâtés

2007年のオープン時より厨房を取り仕切ってきた
松澤直紀シェフのスペシャリテは terrine（テリーヌ）。
それも他の追随を許さない美麗さと美味しさが両立する
オリジナルのテリーヌコレクションです。
松澤シェフは精密機械のような器用さとイマジネーションで、
個々の素材を宝石のような美しい艶やかなテリーヌに仕上げていきます。
コースの中に組み込まれる一品料理としてのテリーヌは
ガルニチュールとソースが添えられて、華やかな一皿に。
本書はさらに進化するレザンファン ギャテのテリーヌの世界を
お伝えする『愛蔵版』としてお届けします。

レザンファン ギャテ

Les enfants gâtés

東京都 渋谷区 猿楽町2-3
Tel. 03-3476-2929
http://www.terrine-gates.com/

LUNCH	平日/11:30 ～ 15:00（L.O 14:00）
	土日祝/12:00 ～ 15:00（L.O 14:00）
DINNER	平日/17:30 ～ 22:00（L.O 21:00）
	土日祝/18:00 ～ 22:00（L.O 21:00）
	月曜定休

珠玉のテリーヌコレクション

テリーヌは十数センチの台形の中に
フランス料理のエスプリを閉じ込めた"小宇宙的な"料理です。
型に詰めることで生まれる調和と
切り口に描き出される創造性は一期一会といっても過言ではありません。
そしてこの愛しきテリーヌの美しさと美味しさを
皆様にも知って、味わっていただきたいと思うのです。
まずは次のページから始まる
私どもLes enfants gâtés のテリーヌコレクションを
お楽しみください。9つのテリーヌは当店自慢のスペシャリテです。

テリーヌのテクニックには
ゼラチンで固める、オーブンで焼く、脱水してプレスして成形する、
バターでつなぐ、また冷凍で固める、などがあり、
素材の組み合わせの妙や見た目の麗しさ、も同時に考えて仕上げます。
テリーヌは尊敬すべきフランス伝統料理のひとつ。
……と当時に、日本に四季をリスペクトする精神があるように、
テリーヌにも繊細な季節感を取り入れたい、と志高くオリジナルの
レシピを日々探求しています。
本書では、お店のスペシャリテとはまた違った新しい佳味の
レシピを公開しています。この『愛蔵版』のために新作も加えるなどして
テリーヌにまつわるエスプリのすべてを詰め込みました。
いずれもご満足いただけるであろう自信作ばかりです。
テリーヌはどなたでも必ず美味しく作ることができます。
ぜひお試しいただけたら幸いです。

Les enfants gâtés

リ・ド・ヴォー、フォワグラ、椎茸、トリュフのテリーヌ

Terrine de ris de veau et de foie gras aux truffes

ねっとりとした鴨のフォワグラに黒トリュフの贅沢な香り。
極上のマテリアルを型に詰め込み、芸術的な断面と味の調和を図った逸品です。

田舎風テリーヌ
Terrine de campagne

肉の旨味を存分に凝縮させた定番テリーヌ。火の入れ方や味のバランスなど
日々進化し続けるレザンファン ギャテのスペシャリテ。

ホロホロ鳥とフォワグラ、ピスタチオのテリーヌ
Terrine de pintade et de foie gras aux pistaches

つけ合わせはスパイスの効いた焼きメレンゲやフレッシュのマッシュルーム、ソースは爽やかな青りんごのピュレ。
滋味に富むホロホロ鳥のテリーヌとのペアリングが絶妙です。

野菜のテリーヌ・プレッセ

Terrine pressée de légumes

新鮮な二十数種類の野菜のみをプレスした目にも麗しい芸術的なテリーヌ。
野菜の旨味が凝縮されています。特製サフラン・クリームソースでいただきます。

オマール海老、地鶏ささみ、アンディーブのテリーヌ

Terrine de homard et de blancs de poulet aux endives

ぷりぷりのオマール海老と半生のささみ、しょうが、オレンジ、ライム……複雑ながら見事なまとまりを具現。
アクセントにカルダモンを加えたタプナードとパクチーを添えてオリエンタルな一皿に。

黒あわび、白あわび茸のテリーヌ

Terrine d'ormeaux et de champignons "Awabitake"

黒あわびと食感が似ていると言われるあわび茸のテリーヌは、
磯の香りが口いっぱいに広がる妙味。
芳醇なアルマニャックを纏った肝のペーストとともに供します。

牛タン、長いも、さやいんげんのテリーヌ

Terrine de langue de bœuf, ignames et haricots verts

柔らかく煮上げた牛タンに新鮮な野菜を合わせたテリーヌ。切り口の端正さは洗練そのもの。
レフォールの清々しい辛味が効いたクリームと香り高いごま油のパウダーでいただきます。

信州鹿とフォワグラ、ドライフルーツ、ナッツのテリーヌ

Terrine de chevreuil et de foie gras aux fruits secs et noix

軽くスモークした鹿肉とフォワグラを、ドライフルーツ、ナッツのチャツネとテリーヌに。
ナッツの歯触りのよさが一役、重さを感じさせない上質の仕上がりになっています。

鴨フォワグラのテリーヌ
Terrine de foie gras de canard

丁寧に作られたフォワグラのテリーヌは憧憬の極み。そのなめらかな舌触りは垂涎ものです。
バターたっぷりのリッチなブリオッシュ、甘酸っぱいリュバーブのコンフィチュールとともに。

Sommaire

Chapitre 3

リエットとパテ

Chapitre 4

デザート・テリーヌ

Chapitre 5

テリーヌを楽しむ食卓演出

テリーヌの種類

本書でレシピ紹介している
テリーヌは大きく分けて4種類。
gelatin「ゼラチンで固めるタイプ」、
oven「オーブンで焼くタイプ」、
press「プレスして成形するタイプ」、
butter「バターでつなぐタイプ」ですが、レシピページに記した図形にはどの方法で作っているかを表しています。
＊例外的にfreezing「冷凍で固めるタイプ」があります。

gelatin

ゼラチンで固めるタイプ

素材の色を美しく保持できて、断面の美しさは圧倒的。フレッシュな味わいも生かされ、本書では最も多い。 kantenとあるのは寒天を使うものです。

oven

オーブンで焼くタイプ

お肉のテリーヌなど、伝統的なフランス料理の手法。湯せん焼きで仕上げるもの、オーブンで焼くタイプなどがある。

press

プレスして成形するタイプ

素材の水分を充分に抜いて、重石をかけることだけで成形。素材自体がコラーゲンなどを含み密着力を持っているとやりやすい。

butter

バターでつなぐタイプ

バターをつなぎにして素材と合わせ、冷やすことによって固める。リッチな風味と口溶けの濃厚さも特筆もの。

freezing

冷凍で固めるタイプ

本書ではデザート・テリーヌの章で紹介。テリーヌ型に詰めて作るパルフェ（アイスクリーム）。

テリーヌ作り シェフのヒント

テリーヌは難しい料理と思われがちですが、本当は極めてシンプルなもの。
順を追って丁寧に完成までの工程を経ていけば、どなたでも作ることができる料理です。
ここではテリーヌをきれいに、もちろん美味しく作るコツやアイディアをご紹介します。
ぜひ参考にしてみてください。

【型について】

本書では2 種類のテリーヌ型を使用しています。分量はこれらの型に則して計算しています。お手持ちの型をご使用になる場合は、容量に合わせて分量を増減してください。

15cmテリーヌ型

サイズ（約）：縦14×横9×深さ7cm（内寸）
容量：700ml　材質：鋳鉄（表面加工：ほうろう）

プティ・テリーヌ型

サイズ（約）：
縦30×横5.5×
深さ4.5cm（内寸）
容量：630ml
材質：ステンレス

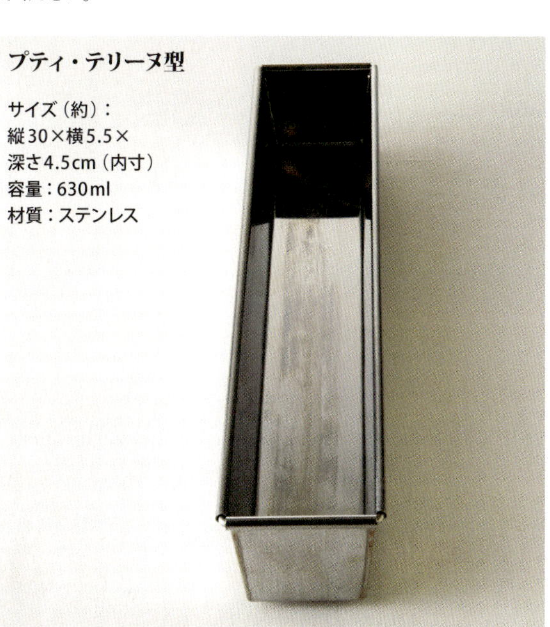

【型の容量調整】

型が大きいとき、少しだけ作りたいとき、型の容量を調整する方法をご紹介します。発泡スチロールを型のサイズに合わせて切り、ラップで包み、仕切りにします。

p.46のテリーヌはこの方法でプティ・テリーヌ型を1/2に調整しています。仕切りは3枚ほど作っておくと調整の幅ができて便利です。

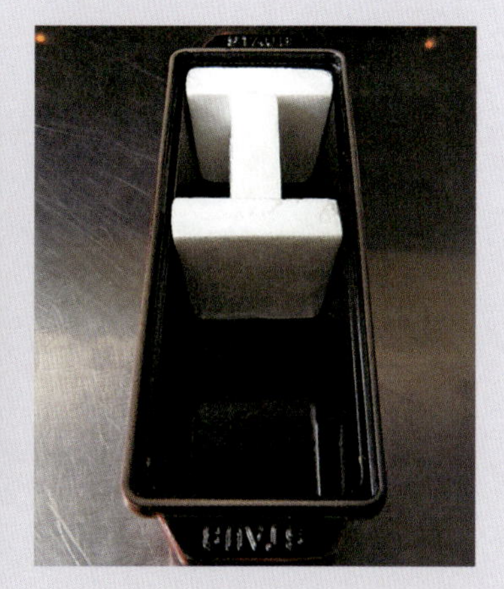

テリーヌ作り シェフのヒント

テリーヌ型に材料を入れる、その前に［ラップを敷く］、［アルミ箔を敷く］という工程があります。
この作業を丁寧にするかどうかで、でき上がりに差が出ます。そして、型に材料を詰めた後の
ラップとアルミ箔の「かけ方」もまた重要。すべてのレシピに共通の一連の作業をここで図解でお教えします。

【ラップの敷き方】

ラップの大きさは｛(型の縦幅＋深さ)×2＋重なり約10cm｝×｛(型の横幅＋深さ)×2＋横幅｝が目安。 15cmテリーヌ型の場合は約60×40cm。幅広のラップがない場合は10cmほど重ね、このサイズにします。これを3枚重ねてペーパータオルなどでこすって空気を抜きます（**a**）。型とラップの中心を合わせて、空気が入らないように角までしっかり敷き込みます（**b**）。ラップの余分なところは角で調節するようにしてください。側面にシワがあると、でき上がりにも影響する場合があります。ラップが型につきにくいときは、型の内側に霧吹きをすると密着します。

a

b

【アルミ箔の敷き方】

アルミ箔の大きさは｛型の縦幅＋(深さ×2)＋折り分約15 cm｝×｛(型の横幅＋深さ)×2＋横幅｝が目安。15cmテリーヌ型の場合は約50×40cm。幅広のアルミ箔がない場合は10〜15cmほど重ねてこのサイズにします。重なり部分はペーパータオルなどでこすって空気を抜きます。離れてしまうようなら型の内側に霧吹きをします。型とアルミ箔の中心を合わせ（**a**）、指を使って角に向かって押し込みます（**b**）。一気に下げると破れてしまうので、両端の角を交互に少しずつ下げるように。アルミ箔の余分なところは狭いほうの面でたたみ、側面を平らに仕上げます。ペーパータオルなどでこすって空気を抜き（**c**）、型に沿わせて整えます（**d**）。

a

b

c

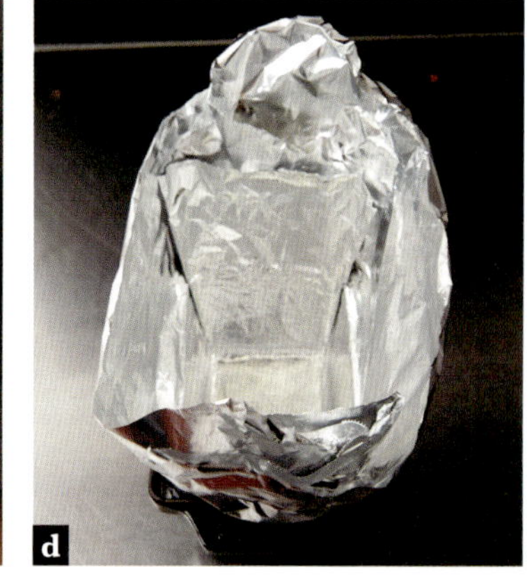
d

【ラップのかけ方】

まず縦（長い辺）のラップをかけ、平らに仕上げるための「平ら板」（型の内径に合わせて切った発泡スチロールをラップで包んだもの）をのせ（**a**）、横（短い辺）のラップをかけます（**b**）。間に平ら板を挟むのは、テリーヌを平らに美しく仕上げるため。
縦のラップ→「平ら板」をのせる→横のラップ→重石をのせる（c）、が基本。作り方中の「ラップをかける」は、この一連の作業を指します。

a

b

c

【アルミ箔のかけ方】

まず縦（長い辺）のアルミ箔をかけ、横（短い辺）を3cmほどにカットし（**a**）、1cm幅の三つ折りにします（**b**）。ラップの場合と同様、この上に「平ら板」をのせ、必要に応じて重石をのせます。

a

b

【段差の補整】

本書で使用している15cmテリーヌ型には内側に段差があります。テリーヌを美しい台形に仕上げるために、この段差を補整します。補整の道具は段差のサイズに合わせた割り箸をラップで包んだもの。これを段差に置き、重石をのせます。

【重石】

重石の目的は、テリーヌを締めて固定させること。普段使用している重石は600g 程度。テリーヌの生地や具材に合わせて重め（1〜2kg程度）と軽め（200g）を使い分けます。
重石の圧力を均等にかけることも重要。必ず「平ら板」を間に挟みます。「平ら板」はテリーヌを平らに仕上げるほかに、圧を均等にかける役割もします。重石はご家庭にある缶詰や鍋、水を入れたペットボトルなどで代用できます。

【水分&油分厳禁】

テリーヌ作りにおいて、余分な水分と油分はあってはならない要素。水分と油分は型崩れ、固まらないなど、失敗の原因になります。ゆでた具材の水分などはしっかり拭きます。炒め油なども徹底してきります。水気を拭くペーパータオルと油をきるざるは必須の道具です。細かなひと手間を惜しまず、丁寧に下ごしらえすることが美しいテリーヌ作りの近道です。

テリーヌ作り シェフのヒント

きれいな断面や層を作るために心がけている調理のコツ、オーブン仕上げのテリーヌの火入れのコツ、またカットの仕方や保存法など、テリーヌにまつわるテクニックをお教えします。

【きれいな層を作る秘訣】

a

層の厚みを揃えたい場合

型にペンなどでガイドラインの印をつけておくと便利です。そのラインに沿って具材や生地を詰めます。

b

ストライプの断面を目指す場合

必須条件は詰めるものを平らにすること。流動的なゼリー液などはさておき、問題は反ってしまう具材。下ごしらえをしたらバットなどで挟んで重石をすると、ある程度は平らにできます。

c

思う場所に具材を置きたい場合

具材を詰める際、狭いほうの側面を見ながら並べます。狭い側面＝カットしたときの断面ですから、中心にくるようにしたい具材は真ん中に、どこを切っても同じ断面になるよう、縦1列に並べます。

【湯せんで焼くなら】

深めのバットに型を置き、湯を注ぎます。湯の温度は80～90℃、量は型の高さの1/3程度が目安です。湯を入れると重くなるので、バットをオーブンにセットしてから湯を注ぐといいでしょう。湯せんで焼くときはふたをします。

【ゼリー液と馴染ませる】

トマトやゆで卵、いか、マスカットなど表面がツルツルしている具材は、表面に穴をあけたり浅い切り込みを入れ、ゼリー液と馴染みやすくします。また、具材を詰める度にゼリー液を入れるのも、ゼリー液にくぐらせてから型に詰めるのも同じ理由。カットした途端に具材が落ちてしまっては残念です。隅々までしっかりと行き渡らせるようにしてください。

【オーブンで焼くタイプ】

オーブンタイプのテリーヌを焼くコツは、外側と中心の温度差をなくすこと。冷えたまま、冷蔵庫から出したばかりだと中心が焼けにくいので、必ず室温にもどしてからオーブンに入れます。焼き上がりは各作り方を参考に、金串でチェックすると安心です。

【カットのコツ】

テリーヌができ上がったらラップまたはアルミ箔を巻いたまま保存し、その上からカットします。ポイントは細くて薄い刃の包丁を使うこと。できればスライス専用の、刃に波のあるタイプがいいです。体に対してまな板をまっすぐ、テリーヌを平行に置きます。奥の角から包丁を入れて、刃全体を使って前後させながら徐々に下ろします。刃を引くときはテリーヌの手前を支え、押すときは奥を支え、まっすぐに下ろします。刃を冷やしたり温めたりする必要はありません。

【保存法】

店では通常、型から出してラップまたはアルミ箔を巻いたまま、バットにのせて冷蔵庫で保存します。ご家庭で、しばらく型を使用する予定がないのなら、型に入れたままでもいいかもしれません。ただし、ラップまたはアルミ箔はかけたまま、カットしたら切り口を必ずラップでカバーします。

【リエットやパテの保存】

リエットやパテは器に入れ、ラード（脂）でふたをします。表面全体を覆っていれば、量に指定はありません。空気に触れないことが重要です。冷蔵庫で10日、冷凍庫で45日ほど保存が可能。解凍は冷蔵庫で半日〜1日かけてゆっくりと。いったん解凍してラードのふたを取ったら、その日のうちに食べきってください。

【塩加減】

テリーヌはさまざまな下処理をした具材が集まって完成する料理なので「塩は総量の何％」と言いきるのは難しい。けれど「美味しいものに美味しいものを足すと美味しくなる」がぼくの信条。ですから調理の各工程で美味しいと感じる塩加減にすること、それを重ねていくことが重要です。しょっぱくなることが心配なら少し控えめにしておいて、型に詰める段階で塩を足しても構いません。あるいは完成品をカットしてから切れ端で味をみて、薄ければ軽く塩をふるのでも問題ないです。その際の塩は粗めがおすすめ。直接舌にのるのでより塩気を感じて、アクセントにもなります。もうひとつ、具材をゆでるときの湯の塩加減。ゆでてから水にさらす場合は海水くらいの濃いめ、ゆでっぱなしの場合は少し控えめにするといいようです。

この本のルール

- ゼラチンと表記してあるものは板ゼラチンを指します。氷水でもどし、柔らかくして使います。材料を加熱しない場合は、柔らかくしたゼラチンを電子レンジで溶かして混ぜます。
- こしょうと表記してあるものは白こしょうパウダーを指します。
- バターは無塩タイプを使用しています。分量が多いときは角切りにして使います。
- 生クリームはことわりがない限り、乳脂肪分47%のものを使用しています。
- 卵はことわりがない限り、M玉を使用しています。
- オリーブ油と表記してあるものはピュアオリーブオイルを指します。
- E.V.オリーブ油はエクストラバージンオリーブオイルを指します。
- ゆでる、湯せん焼きなどに使用する湯は分量外です。
- 塩ゆで、塩もみなどの塩は分量外です。
- 型や天板などに塗るバターや水は分量外です。
- 電子レンジは600Wのものを使用しています。
- 分量は廃棄分を除き、ことわりがない限り、皮、芯、へたなどを取ったものです。
- とくにことわりがない限り、作り方で野菜を洗う、皮をむく、へたを取るなどの基本的な下処理は省略してあります。
- プロセス写真は工程を説明するためのもので、必ずしも材料表中の分量と同じとは限りません。
- オーブンはスチームコンベクションを使用。温度と焼き時間は目安です。機種や使用する型によって差がありますので、様子を見ながら調節してください。
- ［**Prologue　珠玉のテリーヌコレクション**］(p.5～13)はレザンファン ギャテのスペシャリテをご覧いただく趣意で、材料・作り方のご紹介は基本的にはありません。

Chapitre

1

四季を感じる旬菜テリーヌ　日本の感性をフレンチのテクニックで

Terrines de saison

レザンファン ギャテでは、春夏秋冬、季節を感じていただけるテリーヌを大切にしています。もちろん、不動の定番もありますが、テリーヌのメニューは季節ごとに入れ替わります。魚介、野菜、果物など日本ならではの旬菜をフレンチのテクニックで、小さな台形の中に閉じ込めます。四季のあるテリーヌをどうぞ。

Terrine à l'omelette en couleur

カラフルオムレツのテリーヌ

イメージは虹。6段がまっすぐに整然としているのが理想です。各層が同じ厚さになるように分量は細かく刻みました。野菜は材料表の上から順にスチームオーブンで蒸していきます。その間に次の層の準備。入れるときは下の層が崩れないようスプーンでそっとやさしく。蒸し上がりは表面が固まってフルフルしていれば大丈夫。加熱を重ねていくので最終的にはきちんと火が通ります。最後の層の紫いもだけ、心配なら竹串チェックをしてください。湯せん焼きも可です。

材料（15cmテリーヌ型1本分）

ビーツ …… 40g［30g］：79g
にんじん …… 40g［30g］：82g
かぼちゃ …… 40g［30g］：85g
ほうれん草（葉のみ）…… 50g：87g
紫キャベツ …… 50g：90g
紫いも …… 60g：92g
※［　］内の数字は水分を飛ばした後の重量
※：の後ろの数字は加えるアパレイユの重量

バター …… 適量
塩 …… 適量

【アパレイユ】
全卵（L玉）…… 4個（240g）
卵黄 …… 2個分（40g）
A 生クリーム …… 95g
　牛乳 …… 90g
　ブイヨン …… 85g
　塩 …… 3g
　こしょう …… 少量

＊盛りつけ
トマトマヨネーズ（p.100参照）…… 適量

1

【アパレイユ】ボウルに全卵と卵黄を入れ、泡立て器でなるべく泡立たないように混ぜる。Aを加えてさらに混ぜ、ざるで漉す。

2

ビーツは皮をむいてすりおろす。鍋に入れ、バター、塩各少量を加えて中火にかけ、焦げつかないよう絶えずかき混ぜながら水分を飛ばす。

3

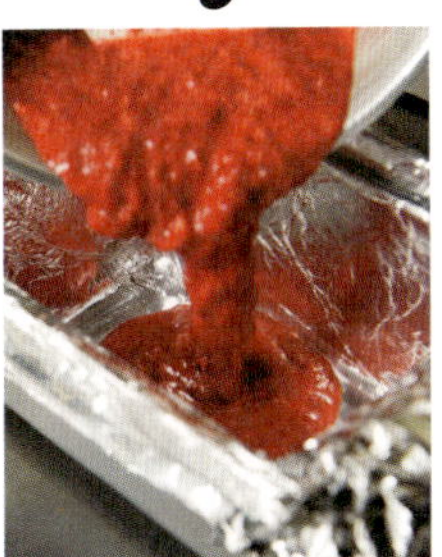

水分が飛んでぽそっとしたら火からおろし、粗熱をとる。水分を飛ばした後の重量は材料表中の［　］内の数字が目安。アパレイユを加えて混ぜ、塩で味を調える。型にアルミ箔を敷き（p.20参照）、入れる。

4

水蒸気が入るのを防ぐため、ラップをしてふたをする。85℃のオーブン（スチーム）で8〜10分蒸す。ふたのない型はラップだけでもよい。

5

にんじんはビーツと同じ要領でアパレイユを混ぜ、蒸し上がった**4**の上に入れる。表面がまだ柔らかいので、スプーンでやさしく入れる。同様に85℃のオーブンで15分蒸す。

6

かぼちゃもビーツと同じ要領でアパレイユを混ぜて型に入れ、25分蒸す。

7

ほうれん草はさっと塩ゆでして氷水にとり、しっかり水気を絞る。アパレイユとともにミキサーに入れ、攪拌する。同様に型に入れ、23分蒸す。

8

紫キャベツは芯を取ってざく切りにし、耐熱容器に入れて水10mℓほど（分量外）を加え、電子レンジで2分加熱する。アパレイユとともにミキサーに入れ、攪拌する。しばらくおくと層になるので上の泡を取り除き、同様に型に入れ、25分蒸す。

9

紫いもは軽く濡らしてラップで包み、電子レンジで7分、竹串を刺してすっと通るまで加熱する。皮をむいて裏漉しし、アパレイユを加えて混ぜる。だまがあるときは漉す。同様に型に入れ、32分蒸す。

10

でき上がり。ラップをはずして粗熱をとり、冷めたらラップをかけ、冷蔵庫で冷やす。

Terrine d'artichauts
et de coquilles Saint-Jacques au fromage blanc

アーティチョーク、帆立貝、フロマージュ・ブランのテリーヌ

アーティチョークと帆立は厚みを揃えるようにします。アーティチョークは厚みを半分にして穴の部分をフォローするように上下を変えて重ねるときれいな層に。帆立は焼いてからペーパータオルを敷いたバットで挟んで平らにします。これには余分な水分と油分を取る目的も。ゼリー液を加えるときは具材をずらしながら、隙間までまんべんなく行き渡らせることを意識してください。型にアルミ箔を敷くのはオーブンで加熱するテリーヌが基本ですが、崩れやすいものにも用います。

材料（15cmテリーヌ型1本分）

帆立貝柱（生食用）
　…… 9～10個（380g）
アーティチョーク（冷凍）
　…… 11個（770g）
レモン …… 1/2個
コンソメ …… 30g
ゼラチン …… 7g
フロマージュ・ブラン …… 100g
生クリーム …… 50g
塩 …… 適量
こしょう …… 適量
サラダ油 …… 大さじ1

＊盛りつけ
ヴィネグレット・ヴィヤンド、
燻製にかけたホイップクリーム
（ともにp.100参照）、くるみ …… 各適量

作り方

1. 帆立は塩6g、こしょうをし、サラダ油をかけ、からめる。
2. グリルパンまたはフライパンを強火で熱し、帆立を焼く（**a**）。表面が焼けたら取り出し、160℃のオーブンで1～2分、中心が温まる程度に焼く。フライパンで同様に焼いてもよい。
3. ペーパータオルを敷いたバットに帆立を並べ、その上にペーパータオルとバットを重ねて重石をし、平らにする。
4. 鍋に湯を沸かし、塩とレモンを搾ってレモンごと入れ、アーティチョークをゆでる。串を刺してみて、すっと入る柔らかさになったらざるに上げ、水気をきる。
5. アーティチョークの中を削り（**b**）、縁の硬いところを取り、形を整える。厚みを半分にし（**c**）、上下を逆にして重ねる（**d**）。塩2.5g、こしょうをふる。
6. 鍋にコンソメを入れ、強火にかける。沸騰したらゼラチンを加え、溶かす。
7. ボウルにフロマージュ・ブランを入れ、**6**を加えて混ぜる。六分立てにした生クリームを加えてさらに混ぜ、塩、こしょうで味を調える。
8. 型にアルミ箔を敷く（p.20参照）。**7**を薄く入れ、アーティチョークを上面を下にして入れる。まずは丸いものを並べ、隙間は大きさを合わせてカットして詰める（**e**）。**7**を加え、アーティチョークをずらして流し込み、隅々まで行き渡るようにする（**f**）。帆立も同様に全面に詰め、**7**を加える。これを繰り返し、最後にアーティチョークを重ねる。
9. アルミ箔をかけ（p.21参照）、冷蔵庫で冷やし固める。

a

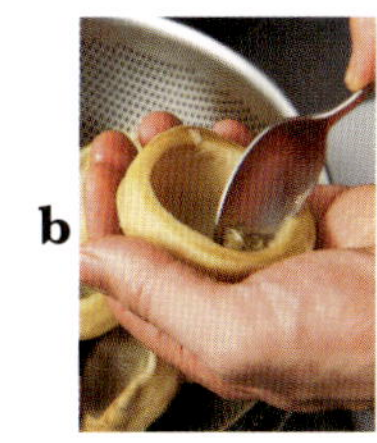
b

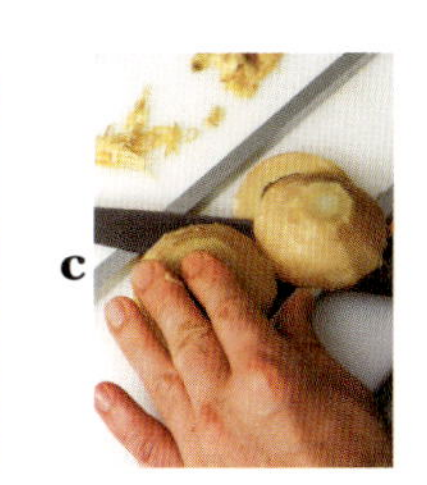
c

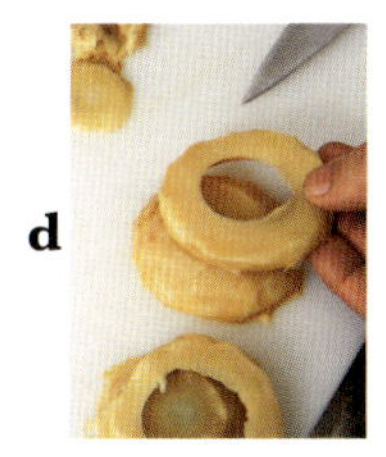
d

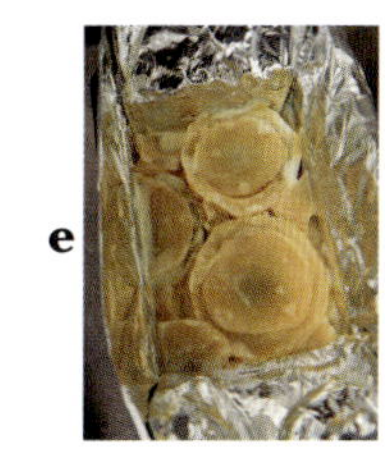
e

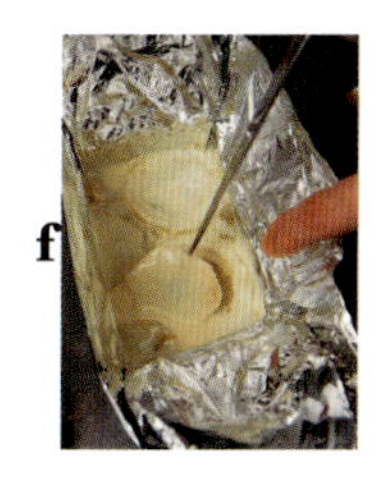
f

Terrine de coquilles Saint-Jacques et de blancs de poulet fumés aux poireaux

地鶏ささみと帆立貝の燻製、ポワローのテリーヌ

燻製にかけるときは素材の表面が乾燥していることが基本。水分があると煙の香りがそこについてしまい、素材自体は燻製されにくくなるので、必ず水分を拭き取ります。桜のチップにグラニュー糖を合わせたのは燻製の色と香りをつきやすくするため。濃いカラメル色に染まった素材はいかにも美味しそうではないですか？　ポワローはじっくり煮含めて、芯までゼリー液を染み込ませます。煮ている間に動いて煮崩れないように、鍋はポワローを隙間なく並べて詰められるくらいの小さめを選びます。

材料（15cmテリーヌ型1本分）

地鶏ささみ …… 4本（210～240g）
A ｛塩 …… 2g
　こしょう …… 少量
　グラニュー糖 …… 少量
ポワロー …… 3本
帆立貝柱（生食用）…… 180g
桜のチップ …… 大さじ4
グラニュー糖 …… 適量
コンソメ …… 150g
ゼラチン …… 9g
塩、こしょう …… 各適量

＊盛りつけ
ヴィネグレットソース（p.103参照）を表面に塗る、トマトクリーム、香草マヨネーズ（ともにp.100参照）…… 各適量

準備

ささみは両面にAをふり、冷蔵庫に一晩おいてマリネする。

作り方

1 ポワローの白い部分はバラバラにならないようにたこ糸で縛る。塩ゆでし、氷水にとって水気をきる。

2 深めのフライパンにアルミ箔を敷き、桜のチップ大さじ2、グラニュー糖ひとつまみを入れる（**a**）。網までの空間を作るためのセルクル型またはココットを置き、ふたをして強火にかける。

3 網にささみを間隔をあけて並べ、煙の出た**2**にのせる（**b**）。ふたをして中火で燻製にする。途中で裏返し、火の通りを均一にするために場所を変え、半生に仕上げる。ペーパータオルで挟んで水分を取る。

4 帆立に塩、こしょうをし、水分が出てきたら拭く。水分があると燻製の香りがつきにくいので、しっかり拭き取る。ささみと同様に燻製にする（**c**）。

5 鍋にコンソメを入れて強火にかけ、沸騰したらゼラチンを加えて溶かす。**1**を加え、コンソメを煮含ませる（**d**）。

6 ポワローの緑の部分は塩ゆでし、氷水にとり、水気を拭く。開きやすいようにほぐし、縦に切り開き、包丁で水分をしごく。

7 型にラップを敷き（p.20参照）、**6**のポワローを**5**のゼリー液にくぐらせ、型の両脇にも垂らしながら二重に敷く。

8 ポワローの白い部分は型の長さに合わせて切り、型に入れる。隣にささみを入れる（**e**）。次の段はポワローが左右逆になるように入れ、隣に帆立を並べる（**f**）。上下で同じ具材が並ばないように、左右を変えながら入れる。隙間はポワローで埋める。

9 ポワローの緑の部分をかぶせる（**f**）。ラップをかけ（p.21参照）、冷蔵庫で冷やし固める。

a

b

c

d

e

f

Terrine de daurade, ciboules et asperges vertes

真鯛昆布締めと長ねぎ、グリーンアスパラガスのテリーヌ

春の象徴的な素材である、鯛とグリーンアスパラガスの組み合わせです。鯛は日本料理の技法を取り入れ、昆布で締めて旨味をのせることに。そこからの発想で磯の香りで統一しました。海苔でアスパラガスとねぎを巻き、バッテラ用白板昆布で全体を包んでいます。海苔は風味づけの効果だけでなく、材料にくっつきやすいので詰め物が密着して好都合な面も。昆布締めした鯛はそぎ切りにして表面をバーナーであぶっておくと、水分が飛んで歯切れがよくなり、食感の醍醐味が出ます。

材料（15cmテリーヌ型1本分）

真鯛のフィレ …… 1/2尾分（正味320g）
塩 …… 3.2g（魚の1%）
こしょう …… 適量
昆布 …… 2枚
長ねぎ …… 4本
グリーンアスパラガス …… 7本
焼き海苔（20cm四方）…… 10枚
白板昆布（バッテラ用。15cm×5cm）…… 8枚
ピクルス用マリナード（p.159、B参照）…… 適量
コンソメ（p.66参照）…… 120g
ゼラチン …… 7g

＊盛りつけ
ヴィネグレットソース（p.103参照）を表面に塗る、はまぐりと長ねぎのエミュルショネ（p.104参照）、キャビアロリ、食用花（ペンタス）…… 各適量

準備

❶真鯛のフィレを縦に2等分し、塩とこしょうをふってしばらくおき、水分が出てきたらペーパータオルで拭き取る。酒を浸した布巾で昆布2枚を拭き、真鯛を挟んで冷蔵庫で丸一日締める（**a**）。
❷白板昆布をピクルス用マリナードに半日漬ける。

キャビアロリ
粒状に加工したオリーブ油。口に入れると粒の膜がはじけ、液状のオリーブ油が口に広がる。ワサビ、バジル、バルサミコ酢風味などもある。スペイン産。

作り方

1. 昆布締めした真鯛を、縦に2〜3枚分のそぎ切りにする。両面をガスバーナーであぶる（**b**）。
2. コンソメに昆布締めに使った昆布を少量加え、昆布の香りと旨味を移し、温めてゼラチンを溶かす。
3. 長ねぎとアスパラガスを塩ゆでし、ペーパータオルで水気を拭き取る。それぞれ海苔の1辺（20cm）と同じ長さに揃え、1本ずつ海苔で1周半ほど巻く（**c**）。巻き終わりは海苔に水少量をつけてぴったりと貼る。長ねぎは5本分、アスパラガスは6本分を作る。
※アスパラガスの穂先は切り落として他の料理に使う。
※長さが足りないときは不足分を足して1本の長さを揃える。
4. 型にラップを敷く（p.20参照）。白板昆布を**2**のゼリー液にくぐらせ、少しずつ重ねながら敷いて、型の両脇にも垂らす（**d**）。その上に海苔1枚を置き、側面にも1枚ずつ貼りつける（**e**）。
5. 真鯛、長ねぎ、アスパラガスを型の長辺に合わせて切り整え、詰めるつど、**2**のゼリー液を適量かけて海苔を湿らせる（**f**）。ランダムにバランスよく詰めていく（**g**）。
6. 最後は両脇にある海苔と白板昆布を順にかぶせる。ラップをかけ（p.21参照）、冷蔵庫で冷やし固める。

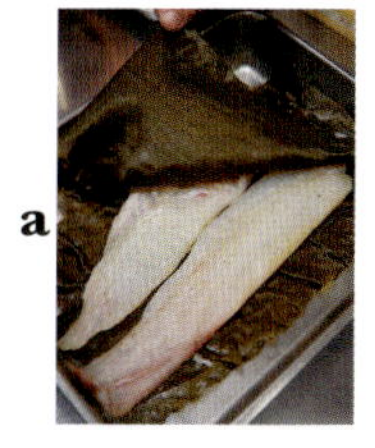
a

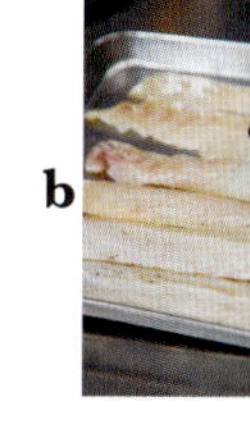
b

c

d

e

f

g

Terrine de poulet fermier et de pied de cochon

地鶏と豚足のテリーヌ

豚足はゼラチン質が多いので、煮るときの水分が少ないと鍋に焦げつきやすくなります。ひたひたの水加減をキープするように水分を足しながら煮てください。水分はブイヨンでも水でも構いません。ゼラチン質が多いぶん、他のテリーヌよりもゼラチン量は少なめ。また、豚足は小骨が多いのでしっかり取り除くことも大切です。このテリーヌは豚足の煮汁で鶏も煮ます。さらにその煮汁にゼラチンを加えて具材とともにテリーヌ型に閉じ込めるので、一体感ある凝縮したテリーヌに仕上がります。

材料（15cmテリーヌ型1本分）

豚足 …… 1本（350g）
鶏胸肉（皮つき）…… 500g
ゼラチン …… 8g
A { 玉ねぎ …… 1/4個
にんじん …… 1/4本
セロリ …… 1/4本
B { ブイヨン …… 600g
パセリの茎 …… 2本
クローブ …… 1粒
にんにく …… 3かけ
ローリエ …… 1枚
タイム …… 2〜3枝
塩 …… 少量
こしょう …… 少量
水 …… 600g
白ワイン …… 100g
パセリ（みじん切り）…… 18g
塩 …… 適量
こしょう …… 適量

＊盛りつけ
ヴィネグレットソース（p.103参照）を表面に塗る、ピンクペッパー、赤チコリ、根セロリ（せん切りの根セロリに塩をしてしんなりさせ、ディジョンマスタードとマヨネーズであえる）、コルニション、ケイパー、エストラゴン、セルフィーユ、じゃがいものピュレ …… 各適量

作り方

1 鍋にAを入れて豚足をのせ、Bを加えて強火にかける。沸騰したら弱火にしてふたをし、豚足が柔らかくなるまで4時間ほど煮る。途中で水分が少なくなったらブイヨンまたは水（ともに分量外）を足す。

2 *1*をざるで漉し、煮汁を鍋に戻す。この鍋に鶏肉を入れて強火にかけ、沸騰したら弱火にし、あくを取りながら火を通す（**a**）。

3 豚足の骨を取り（**b**）、ラップを敷いたバットに並べ、塩3g、こしょうをする。上からラップをかけてバットをのせ（**c**）、重石をして平らにし、冷蔵庫で冷やす。平らにする厚みの目安は7〜8mm。

4 鶏肉に火が通ったら粗熱をとり、皮を取って粗めにほぐす。塩、こしょうをする。

5 鶏肉の煮汁を弱火でゆっくり煮詰める。目安は350㎖ほど。ゼラチンを加えて溶かす。

6 冷蔵庫で冷やし固めた豚足は、厚みに合わせて角切りにする（**d**）。

7 *5*をボウルに移し、*4*を加え、底を氷水に当てながら混ぜる。氷水に接している部分から固まってくるので、ゴムべらで底から返すように混ぜる。とろっとしてきたら、豚足、パセリを加え（**e**）、味をみて塩、こしょうで調える。

8 型にアルミ箔を敷き（p.20参照）、*7*を入れる（**f**）。アルミ箔を開けたまま冷蔵庫で5分ほど冷やす。表面が少し固まったらアルミ箔をかけ（p.21参照）、冷蔵庫で冷やし固める。

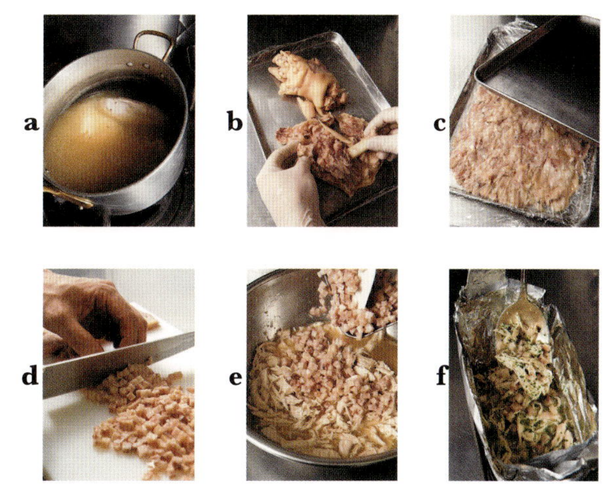

Terrine de tomates et de pastèques

トマトとすいかのテリーヌ

色とりどりのトマトとすいかが夏ならでは。トマトの種類はお好みで構いませんが、型の長さに合わせて数を揃えます。並べる際は切ったときの断面をイメージすること。ミニトマトは縦向き、楕円形のものは横向きに、いずれも1列に並べます。トマトの水分を計算して、ゼラチンは少し多めの設定です。仕上げは表面が平らになるように。具材の浮きを押さえて平らにするためにふたをせずに重石をし、表面が固まったところでゼリー液を加えます。

材料（15cmテリーヌ型1本分）

ミディトマト …… 3個
ミニトマト
…… 数種類を合わせて約220g
マイクロトマト …… 約40g
すいか、黄色すいか
…… 直径2cmにくりぬいたもの
各10～20個
トマトのエキス（右記参照）…… 300g
A レモン果汁 …… 適量
塩 …… 3g
グラニュー糖 …… ひとつまみ
※レモン果汁の量はトマトの酸味によって調節する
バジル …… 1パック
ゼラチン …… 18g

＊盛りつけ
トマト各種 …… 各適量

ミニトマトは型の長さに合わせて数を揃える。種類は好みでよいが、このテリーヌでは5種類を使用。左からホワイトチェリー、イエローミミ、アイコ、グリーングレープ、トスカーナバイオレット。右端はミディトマト、奥はマイクロトマト。

1

すいかは直径2cmに丸くくりぬく。

2

鍋にトマトのエキスを入れて強火にかけ、沸騰したらあくを取り、Aを加えて溶かす。火を止めてバジルを加え、ふたをして香りを移す。

3

ミディトマト、ミニトマトに串を刺し、全体にまんべんなく穴をあける。バットなどに入れておく。

4

2をざるで漉し、バジルを絞る。鍋に戻して強火にかけ、沸騰したらゼラチンを加えて溶かす。**3**にゼリー液を加え、馴染ませる。

5

型にアルミ箔を敷く（p.20参照）。深めのバットに氷水を入れ、型を置く。ゼリー液を薄く入れ、トマトとすいかを並べ、隙間にマイクロトマトを入れ、ゼリー液を流し入れる。これを繰り返す。

6

ミニトマトはカットしたときの断面が水平に切れるように、縦向きに並べる。楕円形のものは断面も楕円になるように横向きに並べる。ゼリー液は型ギリギリまで入れず、5mmほど控える。

7

アルミ箔を開けたまま平ら板をのせ、軽めの重石をする。氷水に浸けたまま5分ほどおき、表面が固まるのを待つ。

8

表面が平らに固まったらゼリー液を加え、アルミ箔を開けたまま冷蔵庫で5分ほど冷やす。表面が固まったらアルミ箔をかぶせ、冷蔵庫で冷やし固める。

トマトのエキス
トマト …… 500g

トマトは皮と種がついたままミキサーにかけ、ペーパータオルを敷いたざるに入れる。冷蔵庫で1日ほどかけて漉し、透明なトマトのエキスを作る。

Terrine de congre aux aubergines grillées

穴子と焼きなすのテリーヌ

焼きなすは皮をむきますが、皮は味も見た目もよくないので残さず取り除きます。また、穴子のぬめりは臭みの原因になるのでしっかり取ること。無駄なものを徹底的に省くのは、上質へのプロセスです。このテリーヌはたっぷりのコンソメでなすを煮含めるので中までしっかり味が染み込んで、なおかつ凝縮された美味しさがあります。コンソメにはゼラチンを加えるので、型崩れ防止効果も。なすのベースを使って穴子を海老にアレンジするなど、何度も作っていただきたい、夏季にふさわしいテリーヌです。

材料（15cmテリーヌ型1本分）

穴子（下処理済み）…… 6尾
（1尾100～120g）
長なす …… 10本
コンソメ …… 230g
ゼラチン …… 11g強
ごぼう …… 太いもの25cmを2本
塩 …… 適量
こしょう …… 適量

＊盛りつけ
ケイパーベリー …… 適量

作り方

1. 焼き網を強火にかけてなすをのせ（**a**）、全体が真っ黒になるまで焼く。氷水にとり、皮をむいてへたを取る。
2. 穴子は皮目に塩をたっぷりふって手でしごき、ぬめりを取り、熱湯をかける（**b**）。残っているぬめりが白くなるので、流水に当てながら包丁でしごき取る。よく洗い、水気を拭く。
3. 穴子の両面に塩、こしょうをし、オーブンまたは魚焼きグリルで両面を焼く。ペーパータオルを敷いたバットに並べ、その上にペーパータオルとバットを重ねて重石をし、水気を取るとともに平らにする。
4. 鍋にコンソメを入れて強火にかけ、沸騰したらゼラチンを加えて溶かす。なすを加えて中火にし、混ぜながら水分が少なくなるまで煮る（**c**）。塩、こしょうで味を調える。
5. ごぼうはスライサーで縦に1～2mm厚さに切る。塩ゆでし、ちょうどよい柔らかさになったら氷水にとり、水気を拭く。
6. 型にラップを敷く（p.20参照）。ごぼうは**4**のゼリー液にくぐらせて、型の両脇にも垂らしながら並べる（**d**）。
7. なすを全面に詰め、ゼリー液を加える（**e**）。穴子は型の長さに合わせて切り、入れる（**f**）。これを繰り返す。
8. ごぼうをかぶせ、端を切り揃える（**g**）。ラップをかけ（p.21参照）、冷蔵庫で冷やし固める。

a

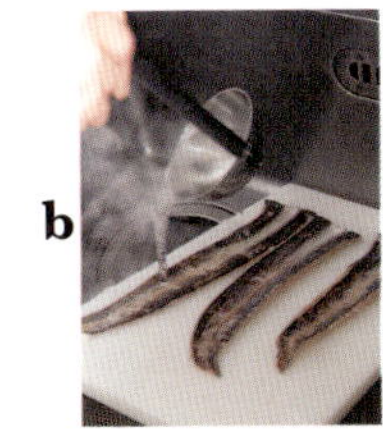
b

c

d

e

f

g

Terrine de sell d'agneau et de pomme de terre à la tapenade

仔羊とタプナード、じゃがいものテリーヌ

春から初夏にかけてがおすすめの季節。メイン素材は仔羊肉ですが、相性のよい定番の組み合わせといえば黒オリーブ、にんにく、パセリ。このテリーヌでは黒オリーブとケイパーで作るタプナードに加え、にんにくとパセリを生クリームでつないで作るピュレを最上段の層にしています。パセリはゆでる際に重曹を入れるとあくが抜けて緑色がきれいに残るほか、繊維が柔らかくなってよりなめらかに。口当たりのよさは、テリーヌの大切なポイントです。

材料（15cmテリーヌ型1本分）

仔羊の背肉 …… 400〜500g
塩 …… 4.5g
こしょう …… 少量
オリーブ油 …… 少量
タプナード（以下の配合）…… 80g
- 黒オリーブ …… 200g
- ケイパー …… 30g
- アンチョビ …… 30g
- エシャロット …… 30g
- にんにく …… 10g

コンソメ（p.66参照）…… 70g
ゼラチン …… 6g

【じゃがいものソテー】
じゃがいも（メークイン。ゆでて皮をむいたものを2cmの角切り）…… 220g
澄ましバター …… 30g
玉ねぎ（2cm長さの棒切り）…… 50g
ベーコン（2cm長さの棒切り）…… 50g
パプリカ（パウダー）…… 2g
オリーブ油 …… 適量
塩、こしょう …… 各適量

【にんにくとパセリのピュレ】
にんにく（皮をむき芯を取る）…… 20g
パセリ（葉のみ）…… 35g
生クリーム …… 少量
ゼラチン …… 5g
塩 …… 少量
牛乳、重曹 …… 各適量

＊盛りつけ
ラタトゥイユのソース（p.104参照）、黒粒こしょう …… 各適量

準備

仔羊肉を型の長さに合わせて約7枚に切り分け、塩、こしょうをふって食品用耐熱袋に入れ、肉同士が密着しないようオリーブ油も入れる。真空にして冷蔵庫で一晩マリネする（**a**）。

作り方

1 仔羊肉を袋のまま58℃のオーブン（スチーム）で40分蒸す。袋から出してペーパータオルで水分と油分を拭き取る。タプナードの材料をすべてミキサーにかけ、コンソメとともに鍋に入れて温め、ゼラチンを加えて混ぜる。

2 【じゃがいものソテー】じゃがいもを澄ましバターの半量で炒める。水分を飛ばしながらじっくり焼いて焼き色をつけ、塩、こしょうをふる。別鍋で玉ねぎとベーコンをオリーブ油でよく炒める。じゃがいもに加えて炒め合わせ、残りの澄ましバターを加えて、バター分を含ませる。パプリカをふる（**b**）。

3 型にアルミ箔を敷く（p.20参照）。じゃがいもを全量入れ、隙間ができないようスプーンで押して敷き詰め（**c**）、最後に平らにならす。冷蔵庫で30分〜1時間、冷やし固める。

4 仔羊肉の両面をオリーブ油でさっと焼き、香ばしさを出す（**d**）。ペーパータオルで油分を取る。

5 **3**にタプナードと仔羊肉を交互に詰める（**e**）。平ら板をのせて強く押さえ、上に小型のセルクル型などを置いて重石をのせ、冷蔵庫で半日冷やし固める（**f**）。周囲にタプナードが盛り上がるが、そのままおく。

6 【にんにくとパセリのピュレ】にんにくを水から3回ゆでこぼしたのち、ひたひたの牛乳で柔らかく煮て粗熱をとる。パセリは塩と重曹を入れた湯でさっとゆで、氷水にさらしてしっかり水気を絞る。2つをミキサーに入れ、生クリームを加えて攪拌する。濃度調整にパセリのゆで汁（粗熱をとったもの）を少量使う。

7 冷水でもどしたゼラチンを電子レンジに20秒かけて溶かし、**6**に加えて再度攪拌する。

8 重石や平ら板を除き、盛り上がったタプナードを取り除く。にんにくとパセリのピュレを型いっぱいまで入れ、冷蔵庫で半日冷やし固める。

a
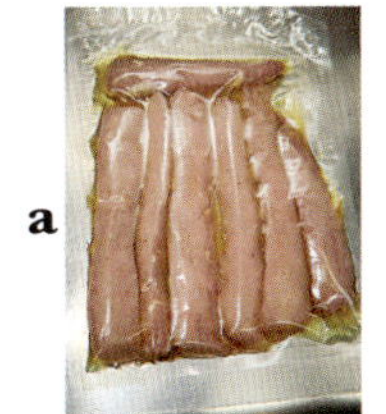

b

c
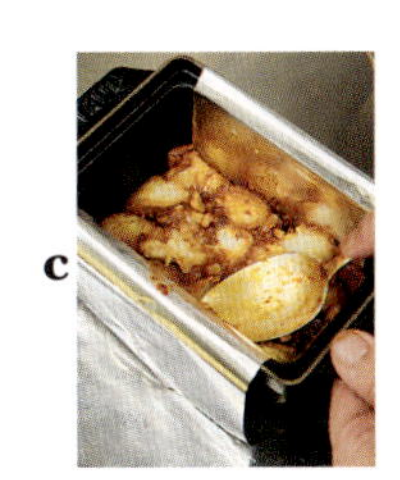

d

e

f

Terrine de "Hamo" et de légumes d'été

鱧と夏野菜のテリーヌ

鱧は和食のイメージが強いですが、淡泊で美味な白身魚ですからフランス料理でも作り甲斐のある素材です。このテリーヌでは塩、こしょうだけであっさり味つけして繊細な風味を生かし、ソースとして添える大葉のアンショワイヤード（アンチョビ風味）の旨味と塩気で食べてもらいます。このテリーヌに視覚的なインパクトを与えているのは、まわりを包むズッキーニの格子編み。モダンなデザインで爽やかさを印象づけられます。手はかかりますが、難しくはないのでぜひトライしてください。

材料（15cmテリーヌ型1本分）

鱧 …… 1尾（750g）
パプリカ（赤、黄）…… 各1個
長なす …… 2本（200g）
ズッキーニ …… 大2本
白ワイン …… 適量
コンソメ（p.66参照）…… 300g
ゼラチン …… 18g
塩、こしょう …… 各適量
※夏野菜は長いも、水菜、さやいんげんなどもおすすめ。

＊盛りつけ
ヴィネグレットソース（p.103参照）を表面に塗る、ピンクペッパー、大葉のアンショワイヤード（p.104参照）…… 各適量

準備

❶鱧は金属タワシでしごいて皮のぬめりを取り、よく水洗いする。頭と内臓を除き、三枚におろす。
❷コンソメを温めてゼラチンを加え、溶かしてゼリー液を作る。

作り方

1 鱧の身を上にしてまな板に置き、骨切りする（**a**）。塩、こしょうをふったバットに並べ、上からも塩、こしょう、白ワインをふる。ラップをかけ、同じ大きさのバットを重ねて重石をのせる。 80℃のオーブン（スチーム）で10分火を入れ、粗熱をとる。
※染み出た汁は、鱧の旨味とゼラチン分が含まれているので、型詰めの工程で使う。

2 パプリカを網焼きして焦がし、氷水にとって皮をむく。縦に3cm幅に切る。

3 なすはへたと皮を取り、正味100gを使う。縦に3枚に切り、塩とこしょうをふって、染み出した水分をペーパータオルで拭き取る。

4 ズッキーニは縦に2等分し、内側をスライサーで薄切りにする。外側は厚めに残して4枚用意。厚切りは両面に塩、こしょうをふって、染み出した水分をペーパータオルで拭き取る。グリル板で**3**のなすとともに焼き、両面に格子状の焼き色をつけながら火を通す（**b**）。

5 ズッキーニの格子編みを作る。**4**で残した薄切りをさっと塩ゆでして氷水にとり、水分を拭き取る。幅1cmに切り、真ん中の種の多い部分は除く。ペーパータオルの上に皮の向きを揃えて数本並べ、次に直角に編み込んで格子編みにする（**c**）。両方向とも11本ずつ使う。ラップにのせ、編み込みが崩れないよう、ゼリー液を薄く塗る（**d**）。同様にもう1枚分を作り、ラップに挟んで、冷蔵庫でしばらく休ませてゼリー液を固める。
※あまったゼリー液は、**7**で鱧の汁に少量混ぜて利用する。

6 型にラップを敷く（p.20参照）。ズッキーニの格子編みを型の寸法に合わせて周囲を切り整える。 2枚分を型の中心線で合わせて左右に敷き詰め、縁に掛けて外側に垂らす（**e**）。

7 鱧を型の長辺に合わせて切り、皮を上にして2枚分を詰める。なすとズッキーニの厚切りも長辺に合わせて切り揃え、さらに2等分して詰める。パプリカも詰め、ときどき鱧の汁を少量かける（**f**）。繰り返しランダムに詰め（**g**）、最後は鱧で覆う。

8 両脇のズッキーニの格子編みをかぶせ、ラップをかけ（p.21参照）、冷蔵庫で冷やし固める。
※編み込みをかぶせたときに真ん中に隙間ができたら、残りのズッキーニの薄切りで埋める。

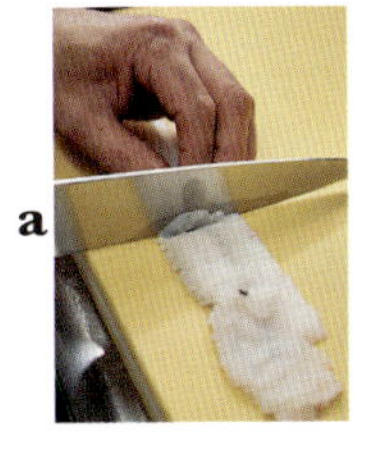
a

b

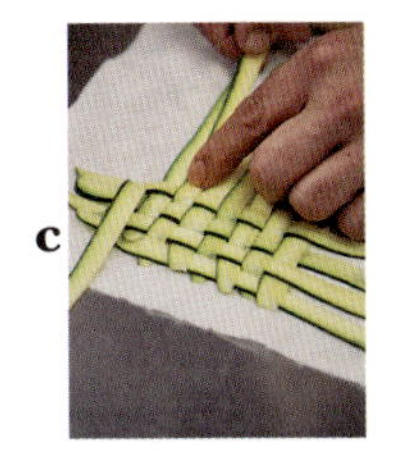
c

d

e

f

g

Terrine de chinchard au fromage blanc

鯵とフロマージュ・ブランのプティ・テリーヌ

初夏に旬を迎える鯵の酢締めを主役に。塩をして余分な水分と臭みを抜いた鯵をビネガーで洗って身を締め、魚の旨味を引き出します。ビネガーにワインを合わせるのは酸味をまろやかにしつつ風味をつける目的と、酢締めの際に身が白っぽくなるのを防ぎフレッシュな色合いを残すため。ビネガーには浸けておく必要はなく、洗う程度で充分です。和の魚料理に薬味が合うように、フロマージュ・ブランにはハーブを加えて風味豊かに仕上げました。トマトのシャーベットを合わせて涼味をお楽しみください。

材料（プティ・テリーヌ型1本分）

鯵 …… 3～4尾

A
- 塩 …… 6g
- こしょう …… 適量
- グラニュー糖 …… 4g

B
- 白ワイン …… 200g
- 白ワインビネガー …… 60g

小松菜（葉の部分）…… 2束分
コンソメ（p.66参照）…… 25g
ゼラチン …… 10g
フロマージュ・ブラン …… 150g
生クリーム …… 75g

C
- エシャロット（みじん切り）…… 40g
- セルフィーユ（みじん切り）…… 3g
- シブレット（みじん切り）…… 3g
- エストラゴン（みじん切り）…… 3g
- ディル（みじん切り）…… 3g

塩 …… 適量
こしょう …… 適量

＊盛りつけ
きゅうりのソース、トマトのシャーベット（ともにp.101参照）、スペアミント（せん切り）…… 各適量

準備

鯵は頭とえら、内臓、ぜいごを取る。三枚におろし、小骨を取る。両面にAをふり、冷蔵庫に一晩おいてマリネする。

作り方

1 ボウルにB、氷を入れ、鯵を洗う（**a**）。水分を拭き、皮を取る。

2 網に小松菜を葉脈の向きが同じになるように表裏を揃えて並べ、もう1枚の網で挟み、さっと塩ゆでする（**b**）。氷水にとり、ペーパータオルで挟み、水気を取る（**c**）。葉脈が長い辺と平行になるように型に敷くので、型の長さに足りるよう、同様にもう1セット作る。

3 型にアルミ箔を敷く（p.20参照）。**2**の表側のペーパータオルをはがし、表が下になるように型に敷く（**d**）。型の両脇にも垂らし、角までしっかり敷き詰める。

4 鍋にコンソメを入れて強火にかけ、沸騰したらゼラチンを加えて溶かす。

5 ボウルにフロマージュ・ブランを入れ、粗熱をとった**4**を加えて混ぜる。

6 生クリームを六分立てにし、**5**に加えて混ぜる。Cを加えてさらに混ぜ（**e**）、塩、こしょうで味を調える。

7 型に**6**を入れ、鯵を入れる。これを繰り返す（**f**）。

8 小松菜を角を作るようにかぶせる（**g**）。アルミ箔をかけ（p.21参照）、冷蔵庫で冷やし固める。

Terrine de trichiure, champignons "Shiitake" et igname

秋刀魚、椎茸、長いものプティ・テリーヌ

このテリーヌは具材の水分をいかに抜くかが肝要。椎茸は水分を飛ばしながらじっくり焼く、長いもは塩をして出てきた水分を丁寧に拭く、ゆでたポワローはぬめりとともに水分をしごく。椎茸など形が複雑なものはゼリー液にくぐらせるとくっつきやすくなります。これはポワローも同じ。長いもは最終的に型の全面に敷くことができて厚みが揃っていれば、小さなものを組み合わせても構いません。ただし、ゆで加減は気をつけて。生に近いシャクシャク感を残してください。ゆですぎると他の具材と食感が似てしまい、メリハリがなくなります。

材料（プティ・テリーヌ型1/2本分）

秋刀魚……2尾
椎茸……8枚
長いも……100g
ポワロー（緑の部分）……1本分
オリーブ油……大さじ2
コンソメ……120g
ゼラチン……6g
塩……適量
こしょう……適量

＊盛りつけ
グリーンペッパーソース、クレーム・エーグル（ともにp.101参照）、とびこ、ピンクペッパー、花穂じそ、ディル……各適量

準備

型は1/2量になるように仕切りをし（p.19参照）、ラップを敷く（p.20参照）。

1

長いもはシャクシャク感が残るようにさっと塩ゆでする。

2

椎茸は軸を取る。フライパンにオリーブ油大さじ1を熱し、笠の表側を下にし、弱火で焼く。水分が出てきたら軽く塩、こしょうをし、裏返して塩、こしょうをし、ふたをして焼く。ペーパータオルを敷いたバットに並べ、その上にペーパータオルとバットを重ねて重石をし、平らにする。

3

秋刀魚は頭、内臓を取り、三枚におろし、小骨を取る。両面に塩、こしょうをする。

4

フライパンにオリーブ油大さじ1を熱し、秋刀魚を皮目から強めの中火で焼く。反らないようにフライ返しなどで押さえながら、皮目はしっかりと焼き色がつくまで焼く。裏返してさっと焼き、ペーパータオルで余分な油を取る。

5

長いもは皮をむき、縦に1cm厚さに切る。両面に軽く塩、こしょうをし、ペーパータオルで押さえる。

6

鍋にコンソメを入れて強火にかけ、沸騰したらゼラチンを加えて溶かす。

7

ポワローは塩ゆでして氷水にとり、水気を拭く。ほぐして縦に切り開き、包丁でしごいてぬめりを取る。

8

ポワローをゼリー液にくぐらせ、型の両側にも垂らしながら二重に敷く。

9

椎茸もゼリー液にくぐらせ、少しずつ重ねながら半量を全面に敷き詰め、ゼリー液を入れる。

10

秋刀魚は1尾分を皮目を下に全面に敷き詰め、ゼリー液を入れる。

11

長いももゼリー液にくぐらせ、全量を全面に敷き詰め、ゼリー液を入れる。

12

秋刀魚は皮目を上に、椎茸は笠の表側を上に、重ねて詰め、ポワローをかぶせる。

13

ラップをかけて平ら板をのせたら、押してゼリー液と空気を抜き、重めの重石をして冷蔵庫で冷やし固める。

Terrine de blancs de poulet
et de champignons "Shiitake" au kaki sec

鶏胸肉、椎茸、ポワロー、あんぽ柿のテリーヌ

このテリーヌはプレスタイプ。ゼラチンの“固める力”を借りず、圧力をかけて素材の水分を抜くことで成形します。作業自体はいたってシンプルですが水分を抜くのに少し時間がかかるので、難易度は中級。プレスタイプは具材を型に詰める前に水分をできるだけ抜いておくことが成功の近道。詰めるときは硬い素材と柔らかい素材が隣り合わせになるようにして、隙間ができないようにして密着させます。プレス中に水分と一緒に塩分も抜けてしまうので、少し強めに塩をしておくこともポイントです。

材料（15cmテリーヌ型1本分）

鶏胸肉 …… 270g
椎茸 …… 12枚
ポワロー …… 2本
あんぽ柿 …… 3個（1個80g）
サラダ油 …… 大さじ1
A ブイヨン …… 適量（鶏肉が隠れる量）
　タイム …… 2〜3枝
　ローリエ …… 1/2枚
　塩 …… 適量
　こしょう …… 適量
塩 …… 適量
こしょう …… 適量

＊盛りつけ
柿のチャツネ（p.101参照）…… 適量

作り方

1. 椎茸は軸を取る。フライパンにサラダ油を熱し、笠の表側を下にし、弱火で焼く。水分が出てきたら軽く塩、こしょうをし、裏返して塩、こしょうをし、ふたをして焼く。ペーパータオルを敷いたバットに並べ、余分な油を取る。
2. 鶏肉は塩、こしょうをし、常温にもどしておく。
3. 鍋にAを入れ、冷たいところから鶏肉を皮を下にして入れ（**a**）、中火にかける。沸騰したら火を止めてふたをし、余熱で火を通す。粗熱がとれるまでおく。
4. ポワローは白い部分と緑の部分を切り分け、白い部分はたこ糸で縛り、緑の部分とともに時間差で塩ゆでする。ともに氷水にとり、水気を拭く。
5. 鶏肉は縦に1〜2cm厚さのそぎ切り、あんぽ柿は半分に切る。
6. ポワローの緑の部分は開きやすいように前後にほぐし（**b**）、縦に切り開き、包丁でしごいてぬめりを取る。
7. 型にラップを敷き（p.20参照）、ポワローの緑の部分を型の両側にも垂らしながら二重に敷く。ポワローの白い部分、鶏肉、椎茸、柿をバランス良く入れる（**c**）。ポワローの白い部分を入れるときはそのつど軽く塩をふる（**d**）。
8. 最後に余っているポワローの緑の部分をかぶせる（**e**）。プレスすると嵩が減るので、型から盛り上がっているのがよい。
9. ラップをかけて重石をのせ、型の上にはみ出ている詰めものにラップの上から串を刺して穴をあけ、余分な水分を出す。重石ごとたこ糸できつく縛り（**f**）、逆さにしてバットにのせ、重めの重石をし（**g**）、冷蔵庫で冷やす。水分が抜けてたこ糸がゆるんできたら、いったんラップをはずしてテリーヌの形を整え、同様にたこ糸で縛り直し、型に納まるまで繰り返す。

a
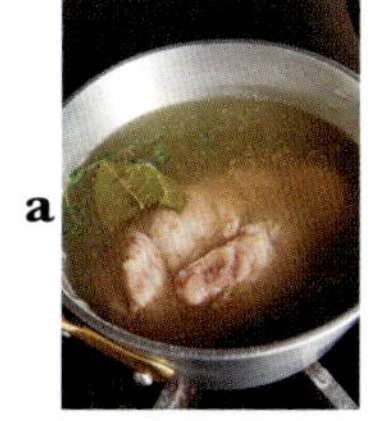
b

c

d

e

f

g
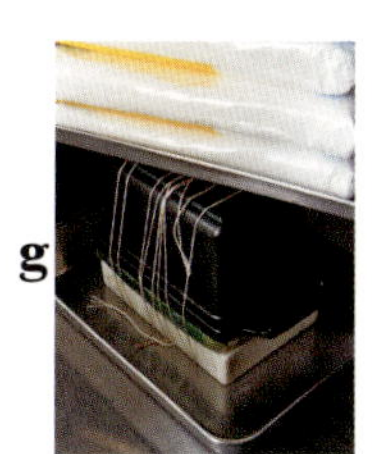

Terrine demousse de coquilles Saint-Jacques aux champignons

きのこと帆立貝のムース、テリーヌ仕立て

ムースはふんわりと柔らかな食感が大切です。帆立をフードプロセッサーにかけるときは、帆立が硬くならないよう、フードプロセッサーの容器を冷やしておきます。また、ボウルの底を氷水に当てながら混ぜるのは、冷やしておかないと生クリームが分離してしまうから。きのこ類の配合はレシピ通りでなくても問題ありません。総量が合っていれば大丈夫。お好みのもので作ってみてください。カットしたテリーヌをラップで包み、電子レンジで温めるとさらに美味しくいただけます。

材料（15cmテリーヌ型1本分）

セープ茸（冷凍）…… 125g
マッシュルーム …… 70g
椎茸 …… 50g
舞茸 …… 30g
しめじ …… 40g
えのき茸 …… 30g
ドライトランペット茸 …… 5g
帆立貝柱 …… 180g
甘栗 …… 60g
サラダ油 …… 大さじ1 1/2
バター …… 20g
にんにく（みじん切り）…… 1/4かけ分
エシャロット（みじん切り）…… 25g
ノイリー酒 …… 20g
卵白 …… 20g
生クリーム …… 190g
塩 …… 適量
こしょう …… 適量

＊盛りつけ
マッシュルームのエスプーマ、トランペット茸とポルト酒のペースト（ともにp.102参照）、きのこのソテー（右記）…… 各適量

作り方

1 セープ茸は水からゆで、水気をきる。ゆで汁はソースに使うのでとっておく。トランペット茸は水でもどし、よく洗う。きのこ類、甘栗はすべて適当な大きさに切る。

2 フライパンにサラダ油を強火で熱し、きのこ類を水分を飛ばすようにしっかり炒める。塩、こしょう、バター、にんにくを順に加えて炒め、にんにくの香りが出たらエシャロットを加えてさっと炒め、ノイリー酒を加えたらざるにとり、冷ます（**a**）。

3 帆立は塩、こしょうを強めにし、しばらくおく。水分が出てきたら拭き取る。フードプロセッサーに入れて攪拌し、ペースト状になったら卵白を加え、なめらかになるまで攪拌する。

4 ボウルに**3**を入れ、底を氷水に当てながら混ぜ、粘りを出す。生クリームを少しずつ加え、空気を入れないように底をかくように混ぜる（**b**）。**2**をフードプロセッサーで粗めに回して加え、さらに甘栗を加えて混ぜる。

5 型にアルミ箔を敷く（p.20参照）。**4**を入れ、空気が入らないようにゴムべらなどで押し込みながら詰める（**c**）。

6 アルミ箔をかけ（p.21参照）、80℃のオーブン（スチーム）で1時間10分ほど蒸す。

7 テリーヌの中心に金串を底まで刺して5秒待ってから抜き、真ん中あたりを下唇に当てて熱ければ火が通っている目安。軽めの重石をし、粗熱をとり、冷蔵庫で冷やす。

きのこのソテー

きのこ類（セープ茸、ジロール茸、椎茸、マッシュルームなど）…… 各適量
サラダ油、バター …… 各適量
にんにく、エシャロット、パセリ（ともにみじん切り）…… 各適量
塩、こしょう …… 各適量

1 きのこ類は食べやすい大きさに切る。フライパンにサラダ油を強火で熱し、きのこ類を色づくまで炒める。塩、こしょうをし、バターを加える。バターが溶けたらにんにくを加えて炒め、香りが出たらエシャロット、パセリを加えて混ぜ合わせる。

a

b

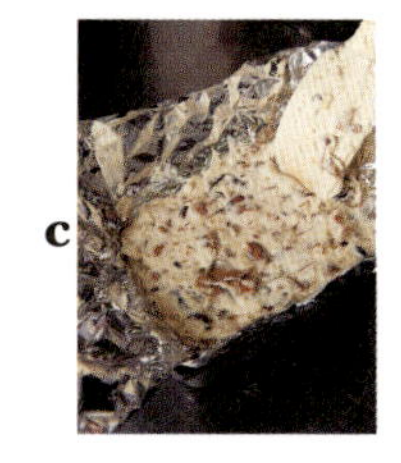
c

Terrine d'anguile et de foie gras au céleri-rave

鰻とフォワグラ、セロリ・ラヴのテリーヌ

個性の強いもの同士をシンプルに詰め合わせました。鰻もフォワグラも脂が強く、旨味も濃厚。食べてすぐはフォワグラの風味が口の中を支配しますが、後味に少し燻製香を効かせた鰻が主張して、互いに打ち消すことなく引き立て合うのが面白い組み合わせです。間にはセロリ・ラヴ（根セロリ）。清涼感のある香りが特徴で、脂を爽やかに流してくれます。フォワグラの下調理ではサラマンダーを使いますが、焼きすぎると脂が溶けて崩れてしまうので、慎重に行いましょう。

材料（15cmテリーヌ型1本分）

フォワグラ …… 1個（500g）
A｛塩 …… 6g
　こしょう …… 1.3g
　グラニュー糖 …… 1.3g
ポルト酒 …… 20g
ブランデー …… 20g
鰻 …… 2尾（1尾200g）
白ワイン …… 40g
燻製水 …… 少量
根セロリ …… 350g
塩、こしょう …… 各適量
ハーブミックス（イタリアンパセリ、
　シブレット、セルフィーユ、
　エストラゴン、ディルの各みじん切り）
　…… 各5g

＊盛りつけ
ポルト酒のレデュクション（p.103参照）、
セミドライいちじくの赤ワイン煮
　…… 各適量

準備

鰻は頭と内臓を除き、一枚に開いて水洗いし、ペーパータオルで水気を取る。皮を上にしてまな板に置き、塩を多めにふってこすり、ぬめりを取る。水洗いしてから、皮に熱湯をかける（**a**）。白い濁りが浮くので包丁でしごき取り、もう一度水洗いする。ペーパータオルでしっかり水気を拭く。

作り方

1 フォワグラを厚さ2cmに切り分け、バットなどに入れて両面にポルト酒とブランデー、Aの調味料をふる（**b**）。常温で15分ほどマリネする。バットに入れたまま、サラマンダーで両面を数分ずつ焼いて火を入れる（**c**）。ペーパータオルにのせて余分な脂分をきり、冷ます。骨抜きで血管や筋を取り除く。

2 鰻の両面に塩、こしょうをふる。食品用耐熱袋に入れて白ワインと燻製水を加え（**d**）、真空密閉して、80℃のオーブン（スチーム）で20分蒸す。袋から出してバットに皮を上にして並べ、サラマンダーで10分ほど焼く。途中で、袋にたまった煮汁を刷毛で何回か塗る。また前後左右の位置を変えて均等に、皮を焦がすくらいに香ばしく焼く（**e**）。

3 根セロリは皮をむいて、水平に1.5cm厚さに切り、2枚作る。両面に塩、こしょうをふり、バットにのせて100℃のオーブン（スチーム）で10分蒸す。

4 テリーヌ型にアルミ箔を敷く（p.20参照）。根セロリは2枚で型にぴったりと入るよう、まわりを切り落として四角に整える。側面は型の側面の傾斜に合わせて斜めに切る。

5 鰻は型の長辺の寸法に合わせて長さを切り、約半量を皮を上にして型に敷く。隙間ができたら、残りの鰻を適当な大きさに切って埋める。順に、フォワグラの半量、ハーブミックス、根セロリ、ハーブミックス（**f**）、フォワグラの半量を重ねて詰める。最後に鰻を皮を下にして重ねる。

6 両側に垂らしたアルミ箔をかぶせ（p.21参照）、平ら板と重石をのせて冷蔵庫で冷やし固める。

a 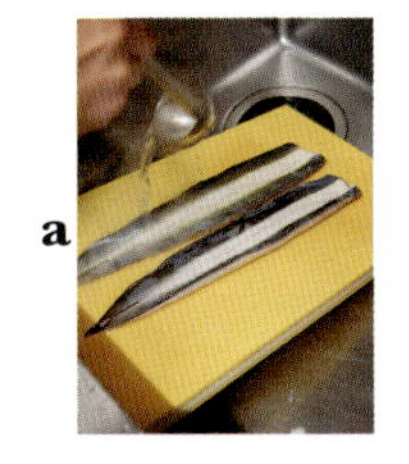
b 
c 
d 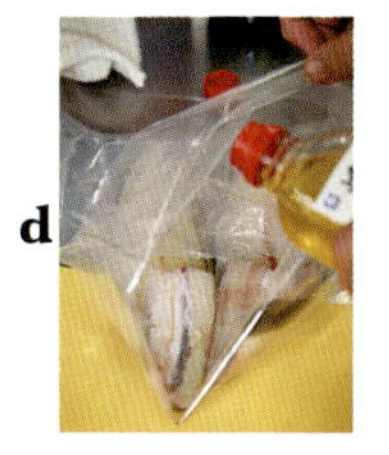
e 
f 

燻製水
桜チップの燻煙を水に溶かした液体製品。肉や魚にかけて調理すると、まろやかな燻製の香りがつき、生臭さを抑えて身を柔らかくすることができる。

Terrine de filet de porc et de champignons aux noix

豚ヒレ、きのこ、ナッツのテリーヌ

型に直接ベーコンを敷いてオーブンで焼くタイプ。豚ヒレとムースは焼きすぎると美味しくないので、温度設定と焼き時間に注意します。40分をすぎたあたりから金串でチェックして、火の通りを確認。金串をテリーヌの中心に底まで刺して5秒ほど待ち、金串を抜き、真ん中あたりを下唇に当ててみて、熱いと感じたら焼き上がっている目安です。刺した穴から出てきた肉汁が透き通っていたら火の入れすぎ。余熱でも火が通ることを念頭において、焼き時間を調節してください。

材料（15cmテリーヌ型1本分）

豚ヒレかたまり肉 …… 350g

A
- 塩 …… 3.6g
- こしょう …… 少量
- グラニュー糖 …… 少量

【きのこと豚肉のムース】

セープ茸（冷凍）…… 70g
ドライトランペット茸 …… 6g
マッシュルーム …… 60g
椎茸 …… 50g
サラダ油 …… 大さじ1
バター …… 20g
にんにく（みじん切り）…… 1/2かけ分
エシャロット（みじん切り）…… 25g
マデラ酒 …… 30g
豚ヒレくず肉 …… 70g
卵白 …… 15g
生クリーム …… 50g

アーモンド …… 45g
くるみ …… 45g
ヘーゼルナッツ …… 45g
ベーコンスライス …… 8枚
ローリエ …… 2枚
タイム …… 3〜4枚
塩 …… 適量
こしょう …… 適量

準備

豚かたまり肉は型の長さに合わせてそぎ切りにする。Aをふり、冷蔵庫に一晩おいてマリネする（**a**）。

作り方

1 ナッツ類はローストし、砕く。

2 【きのこと豚肉のムース】セープ茸は冷凍のまま水からゆで、水気をきる。トランペット茸は水でもどし、よく洗う。きのこ類はすべて一口大に切る。

3 フライパンにサラダ油を熱し、強火できのこ類を炒める。色づくまでしっかり炒めたら塩、こしょう、バター、にんにく、エシャロットを順に加えて炒め、マデラ酒を加え、水分を飛ばすように炒める。フードプロセッサーに入れ、みじん切り状になるまで攪拌し、バットに移して冷ます（**b**）。

4 豚くず肉は塩、こしょうをふり、ぶつ切りにする。フードプロセッサーに入れ、ペースト状になるまで攪拌する。卵白を加えてさらに攪拌する。ボウルに移し、底を氷水に当てながら練り混ぜる。生クリームを少しずつ加え、混ぜる（**c**）。**3**を加えてさらに混ぜ、ムースの完成。

5 型の両脇にも垂らしながらベーコンを敷く（**d**）。ムースを薄く入れ、豚のマリネ、ムースを順に入れ、ナッツ類を散らす。これを繰り返す（**e**）。豚のマリネは全面には敷き詰めず、左右にランダムに入れる。最後はムースになるようにし、つなぎ代わりにする（**f**）。ベーコンをかぶせ、ローリエ、タイムをのせる（**g**）。

6 アルミ箔をかけ、ふたをする。120℃のオーブンで50分ほど焼く。

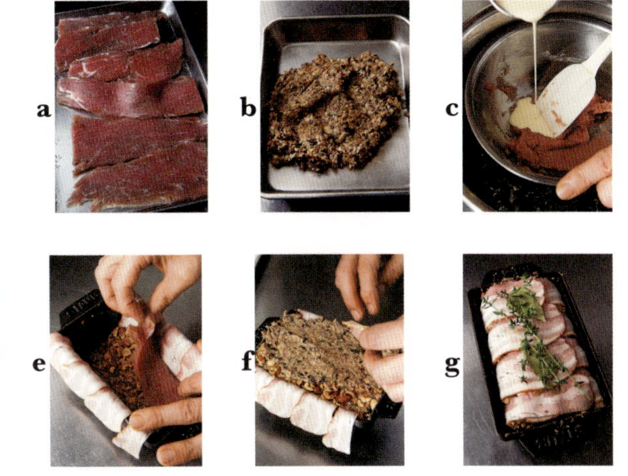

Terrine de calmar et de chou chinois

やりいかと白菜のテリーヌ・プレッセ

野菜の浅漬けのイメージで作ってみました。材料は白菜、柚子、いかで、味つけは塩とこしょうのみ。重石で強めにプレスして水分を抜いて固めます。水分と一緒に塩分も流れ出るので、下調理だけでなく、詰める際も材料を重ねるたびに塩をふってちょうどよい塩味になります。プレスタイプのテリーヌ全般に言えますが、水分が抜ければ詰め物のかさが減るので、詰める際は型から盛り上がるまで入れること。形も崩れてきますから、冷やし固める途中で形を整え直す作業が欠かせません。

材料（プティ・テリーヌ型1本分）

やりいか …… 500g
白菜 …… 小1/2個
塩 …… 23g（型詰め用の分量）
こしょう …… 適量

＊盛りつけ
ヴィネグレットソース（p.103参照）を表面に塗る、柚子のピュレ（p.104参照）、オキザリス（葉）…… 各適量

準備

やりいかの頭と内臓を取り除く。胴部は皮をむき、下の端を切り落とす。ミミは皮をむき、足は吸盤を取る。すべて水洗いして水分を拭き取る。

作り方

1 バットに塩とこしょうをまぶしておく。いかの胴部とミミに細かく格子状の隠し包丁を入れる（**a**）。繊維が横方向に入っているので、それを断ち切るように包丁の目を入れる。バットに並べ、足も入れて塩とこしょうをふる。

2 いかをラップで覆い、バットを重ねて重めの重石をのせ、反らないようにする。80℃のオーブン（スチーム）で8分蒸す。粗熱をとり、胴部は型の幅に合わせて大きくそぎ切りにし、足は数本に切り分ける。

3 白菜は芯を除いて1枚ずつにバラし、半生くらいにさっと塩ゆでする。氷水にとり、外側の緑の葉4枚は2枚ずつ縦に並べてペーパータオルで挟み、麺棒を転がして水気を取りながらシート状に整える（**b**、**c**）。型の長辺30㎝に合わせて上下の端を切り落とす。内側の白い葉も、型に1枚ずつ広げられる大きさに切り整える。

4 型にラップを5枚重ねて敷く（p.20参照）。白菜の緑の葉を2枚重ねて敷き、型の両脇にも垂らす（**d**）。塩をふり、白い葉、いかの胴部とミミ、白い葉、いかの足、白い葉、いかの胴部とミミの順に、そのつど塩をふって重ねる。山形に盛り上がるくらいに詰める（**e**）。

5 両脇の緑の葉で覆い、ラップで上面をぴったりと覆う。型からはみ出している詰め物に、両端のラップの上から5か所ほど串で穴をあける（**f**）。ここから余分な水分を流す。

6 大型のバットに**5**を逆さにしてのせ（**g**）、重めの重石をのせて、冷蔵庫で一晩冷やし固める。水分が抜けると形が崩れてくるので、ラップを締め直して形を整え、最終的に型の高さに納まるように整える（状態を見ながら2〜3回行う）。

a
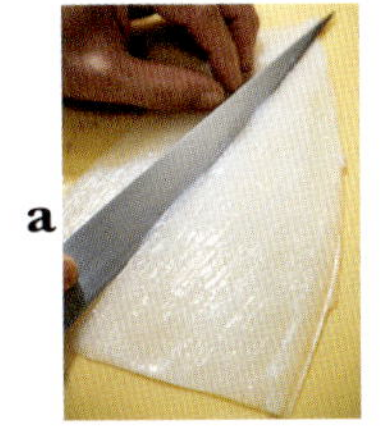

b

c
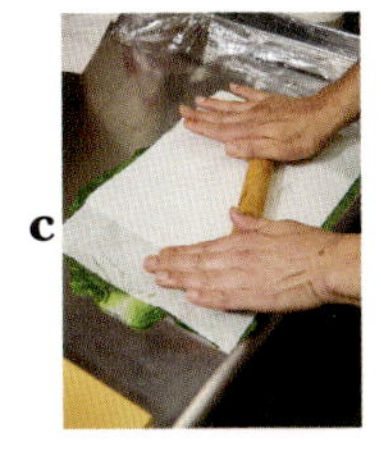

d

e

f

g

Petite terrine de crevettes "Kuruma-ebi" et de colocase

車海老と海老芋のプティ・テリーヌ

このテリーヌ、実は“海老と海老芋”のダジャレから誕生したのですが、でき上がりは想像以上の美味しさで、スペシャリテになった一品。芋のねっとり感と海老のぷりぷり、そのコントラストが面白く、生ハムと柚子の香りをプラスすることで味に深みを出しました。写真では、オマール海老のコライユをパウダー状にしたものをテリーヌのまわりにつけていますが、なくても問題ありません。つけ合わせには心地よい苦味のあるルッコラのサラダなども相性がよいでしょう。

材料（プティ・テリーヌ型1/2本分）

海老芋……350g
車海老（殻つき）……245g（7尾）
A
- 水……1ℓ
- 白ワイン……200g
- 白ワインビネガー……30g
- レモン（輪切り）……1枚
- 塩……大さじ2

コンソメ……130g
ゼラチン……10g
生ハム（みじん切り）……35g
柚子の皮（すりおろす）……1/4〜1/2個分
塩……適量
こしょう……適量

＊盛りつけ
ヴィネグレットソース（p.103参照）を表面に塗る、燻製にかけたホイップクリーム、香草マヨネーズ（ともにp.100参照）、キャビア……各適量

作り方

1. 海老芋は皮つきで水から塩ゆでする。串を刺してすっと通るまで弱火でゆでる。
2. 海老は背わたを取り、まっすぐに仕上げるために竹串を刺す（**a**）。
3. 鍋にAを入れて強火にかけ、沸騰したら海老を入れる（**b**）。再び沸騰したら火からおろし、余熱で火を通す。粗熱がとれたら殻をむき、水気を拭く。
4. 海老芋100gは皮をむいてざく切りにする。鍋にコンソメを入れて強火にかけ、沸騰したらゼラチンを加えて溶かし、生ハム、海老芋を加える（**c**）。火からおろし、ハンドブレンダーまたはフードプロセッサーでピュレ状にする。
5. **4**を鍋に戻し、柚子の皮を加え、塩、こしょうで味を調える。
6. 型は1/2量になるように仕切りをし、アルミ箔を敷く（p.20参照）。型の長さに合わせ、海老を2〜3尾組み合わせる。残りの海老芋250gは縦に4〜6等分に切り、軽く塩、こしょうする（**d**）。
7. 型に**5**を入れ、両端に海老芋、中心に海老を入れる（**e**）。海老芋、海老が上下左右で隣り合わせにならないようにバランスを考え、**5**を入れながら詰める（**f**）。アルミ箔をかけ（p.21参照）、軽めの重石をし、冷蔵庫で冷やし固める。

a

b

c

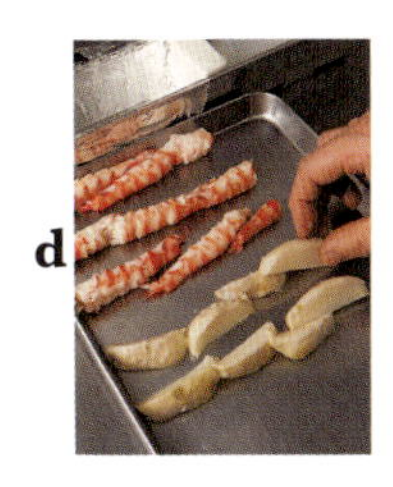
d

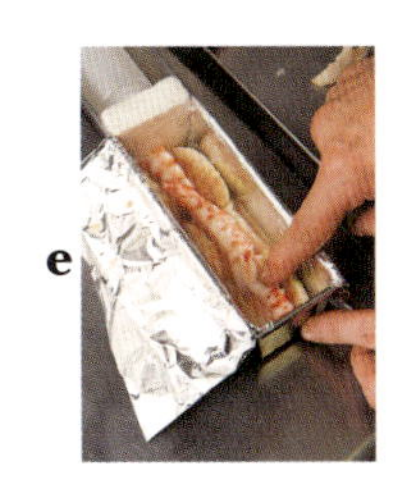
e

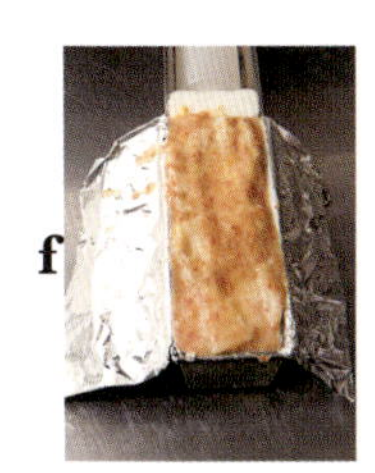
f

Terrine de blanc de poulet et de "Ichidagaki" aux cinq épices

地鶏胸肉と市田柿のテリーヌ、五香粉の香り

日本独特の美味で栄養価の高い干し柿をテリーヌに生かしたい、との思いから考案した冬の一皿です。干し柿は甘味が強いので、ベースにする鶏肉の生地にあえて有塩バターを使い、甘じょっぱい味覚を印象づけています。バターはまた、干し柿が水分でふやけるのを抑える効果もあるんです。香りは五香粉、食感はくるみでアクセント。まわりを包んでいる緑野菜はスーパーフードとして注目のケールですが、苦味がなく破れにくいという点でもテリーヌを包むのに好都合の野菜です。

材料（15cmテリーヌ型1本分）

地鶏胸肉 …… 400g（正味300g）

A
- 塩 …… 3g
- こしょう …… 0.6g
- グラニュー糖 …… 少量
- 五香粉 …… 1.2g

ブイヨン（p.66参照）…… 適量（鶏肉が隠れる量）

市田柿 …… 300g（種を取った正味）

くるみ（ローストしたもの）…… 60g

クレソン …… 1束

バター（有塩。柔らかくしておく）…… 250g

ケール …… 5〜6枚

＊盛りつけ

市田柿（輪切り）、くるみ …… 各適量

準備

❶鶏胸肉は皮、筋、脂をすべて除き、Aをまぶして冷蔵庫で1日マリネする（**a**）。

❷バターは当日に常温にもどして柔らかくしておく。

作り方

1 鍋にブイヨンと鶏肉を入れ、沸かす。軽い沸騰状態で10分ほどゆでて、中心までしっかり火を入れる（**b**）。途中、あくが出てきたら取り除く。水分をきり、粗熱をとってから、手で細かくほぐしてボウルに入れる（**c**）。

2 **1**にくるみを砕きながら入れ、クレソン（葉をざく切り、茎を細かく刻む）を加える。バターを加えて均等に混ぜる（**d**）。

3 市田柿はへたと種を除き、果肉を手で1枚に開く（**e**）。

4 ケールを塩ゆでし、氷水にとる。ペーパータオルで挟んで麺棒を転がし、水気を取りながらシート状に整える（**f**）。型の長辺に合わせて長さを切る。

5 型にラップを敷く（p.20参照）。**4**のケールを2枚重ねで敷き、型の両脇にも垂らす。

6 **2**の詰め物を少量詰め、市田柿を重ねる。これを3回繰り返し、最後は詰め物で覆う（**g**）。隙間ができないようにしっかり押しながら詰めていく。

7 垂らしておいたケールで覆い、ラップをかけて（p.21参照）、冷蔵庫で冷やし固める。

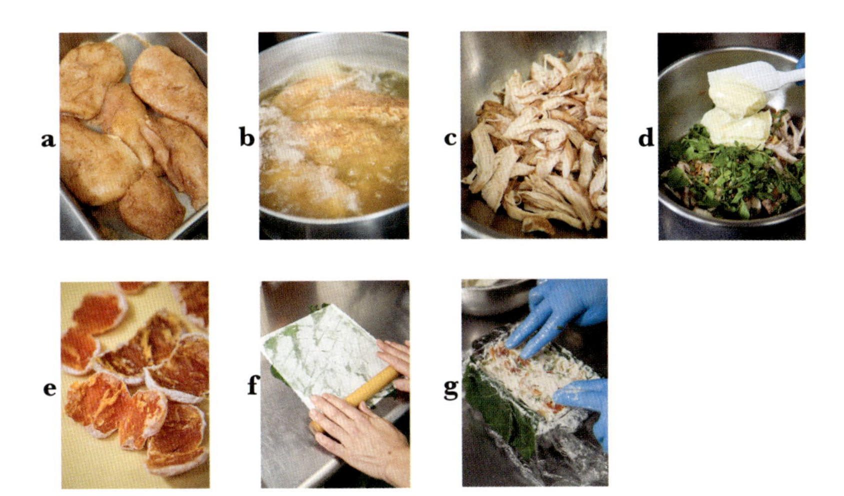

Terrine de saumon aux pommes de terre parfumée à la truffe

サーモン、じゃがいも、トリュフのテリーヌ

このテリーヌはゼラチンを使わず、バターとじゃがいものでんぷんで固めるタイプ。にんじんは型に敷く際、折り曲げると水分が出てきます。テリーヌに過度な水分は厳禁ですから、他の具材の準備をしている間、ペーパータオルを入れたままにして水分を吸わせましょう。じゃがいもピュレはダイス状のじゃがいも入り。2つの食感が楽しめます。

材料（15cmテリーヌ型1本分）

サーモン …… 380g
A｛ 塩 …… 5g
こしょう …… 適量
グラニュー糖 …… 3g

【トリュフ風味のじゃがいもピュレ】
じゃがいも（メークイン）…… 180g
生クリーム …… 120g
黒トリュフ（みじん切り）…… 20g
バター …… 70g
トリュフオイル …… 極少量
塩 …… 適量
こしょう …… 適量

にんじん …… 1本

＊盛りつけ
黒トリュフのヴィネグレットソース（p.102参照）…… 適量

準備

サーモンは7〜8mm厚さのそぎ切りにする。両面にAをふり、冷蔵庫に一晩おく。

1

【トリュフ風味のじゃがいもピュレ】じゃがいも110gは皮つきのまま水からゆでて、皮をむき、裏漉しする。

2

残りのじゃがいも70gは4〜5mm角に切り、少し硬めに塩ゆでする。

3

鍋に生クリーム、トリュフを入れて強火にかける。沸騰したらバターを加え、しっかり溶かす。

4

1に***3***を少しずつ加え、そのつど泡立て器でよく混ぜる。***2***を加えて混ぜ、トリュフオイルを加え、さらに混ぜる。塩、こしょうで味を調える。

5

にんじんはスライサーで縦に2〜3mm厚さに切り、塩ゆでする。型に敷きやすい柔らかさになるまでゆで、氷水にとり、水気を拭く。

6

型にラップを敷き（p.20参照）、にんじんを型の両脇にも垂らしながら並べる。細い太いの向きを交互に、隙間なく並べる。折り曲げると水分が出てくるので、***8***の工程までペーパータオルを入れておく。

7

サーモンはさっとゆでて、水気を拭く。

8

型にじゃがいもピュレを薄く入れる。サーモンをのせ、押して空気を抜く。これを数段繰り返す。最後はじゃがいもピュレになるようにし、つなぎ代わりにする。

9

にんじんをかぶせ、ラップをかけ（p.21参照）、軽めの重石をし、冷蔵庫で冷やし固める。

Terrine de lapereau aux pruneaux

うさぎとプラムのテリーヌ

自信をもっておすすめする、滋味に富む一皿。うさぎと好相性のプラムですが、セミドライは甘すぎて調和に欠けるので、ブランシールして糖分を抜いて使います。加熱するのはオーブンだけですから焼き加減が重要。焼き上がりの目安は57〜58℃、中心温度計があれば使ったほうが確実です。余熱でも火が入ることを頭に入れて金串でチェックしてください。店では直接具材を詰めますが、型から抜きやすくするためにアルミ箔を使いました。敷かない場合は型の底を軽くあぶるとうまく抜けます。

材料（15cmテリーヌ型2本分）

うさぎ肉……850g（1羽）
豚のど粗びき肉……200g
ベーコン（1cm角）……150g
うさぎレバー、鶏レバー
……合わせて210g
A｛塩……18g
　グラニュー糖……1g
　カトルエピス……1g
　こしょう……適量
B｛コニャック……50g
　ポルト酒……10g
セミドライプラム……230g
C｛エシャロット（みじん切り）……50g
　にんにく（みじん切り）……8g
　溶き卵……1個分
くるみ（ローストする）……38g
ベーコン（スライス）……7〜8枚
ジュニパーベリー……6〜7粒
ローリエ（半分に割る）……1枚分
タイム……5〜6枝

＊盛りつけ
アップルビネガーのレデュクション（p.103参照）、タスマニアマスタード、セージ……各適量

準備

❶うさぎ肉は小さめの一口大に切り、豚のど肉、ベーコンを合わせ、A、Bそれぞれの半量をもみ込む。
❷うさぎレバーと鶏レバーもA、Bの残りの半量をもみ込み、❶とともに冷蔵庫に一晩おいてマリネする。

作り方

1 プラムは水からゆで、ざるに上げ（**a**）、水気を拭く。

2 ❷のレバーはマリネ液ごとフードプロセッサーに入れ、ペースト状になるまで攪拌する。

3 ボウルに❶を入れ、Cを加えてしっかり練る。**2**を3回に分けて加え、そのつどよく練って粘りを出す。しっかり練ったら、くるみを加え（**b**）、ざっくり混ぜる。

4 型にアルミ箔を敷き（p.20参照）、ベーコンを両脇にも垂らしながら隙間なく敷き、底は重ねて並べる（**c**）。**3**の$^{1}/_{4}$量を入れ、プラムの$^{1}/_{3}$量を縦1列に並べる（**d**）。これを3回繰り返し、最後に**3**の残りを入れる。ベーコンをかぶせ、ジュニパーベリー、ローリエ、タイムをのせる（**e**）。

5 アルミ箔をかけ（p.21参照）、ふたをする。120℃のオーブンで50分ほど、湯せんで焼く。テリーヌの中心に金串を底まで刺して5秒ほど待ってから抜き、真ん中あたりを下唇に当てて熱いと感じれば火が通っている目安。粗熱がとれたら冷蔵庫で冷やす。

a

b
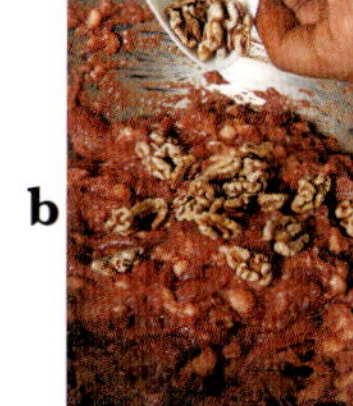

c

d

e

コンソメ
Consommé

材料

ビーフコンソメ（市販）…… 2ℓ

A
- 牛すねひき肉 …… 700g
- 玉ねぎ（粗みじん切り）…… 140g
- にんじん（粗みじん切り）…… 60g
- セロリ（粗みじん切り）…… 40g
- にんにく（粗みじん切り）…… 1/2かけ分
- ポワローの緑の部分 ……（あれば）少量
- 卵白 …… 70g（肉の10%）
- 黒粒こしょう …… 適量
- タイム …… 適量
- ローリエ …… 適量
- エストラゴン …… 適量
- パセリの茎 …… 適量

トマト（ざく切り）…… 1/2個分
塩 …… 適量

ブイヨン

フォン・ド・ヴォー

※ブイヨンは料理やソース、スープなどのベースになるものです。
［ブイヨンの作り方］
鶏のガラと手羽先、香味野菜（玉ねぎ、にんじん、セロリの茎と葉、にんにく、ポワローの緑の部分）、ハーブ（タイム、ローリエ）、塩、水の材料で3時間煮出し、漉す。

※フォン・ド・ヴォーは焼いた仔牛の骨と香味野菜を煮だしでとったもので、ソースのベースになることが多いです。

1

鍋にAを入れ、粘りが出るまでよく練る。

2

ビーフコンソメを加えて強火にかけ、沸騰する寸前まで絶えず混ぜる。沸騰近くなると濁ってくる。ふつふつとしてきたら弱火にする。このときはすでに透明になっている。

3

浮いている肉の中央に穴をあける。やさしく肉を外側に押しつけるようにしていると徐々に固まってくる。中央に穴をあけることで対流が起き、まわりの肉がふたの役目をし、スープの蒸発を防ぐ。

4

決して煮立たせないような火加減を保ちながら、肉を崩さないようにあくを取る。あくを取りきったら、4〜5時間煮る。

5

3〜4時間煮たところでトマトを加える。あくが出てきたら取り、同様の火加減で1時間煮る。

6

火を止めてしばらくすると肉が沈み、漉しやすくなる。

7

2つのざるの間にペーパータオルを挟み、漉す。固まっている肉を崩すと濁ってしまうので、静かに漉す。

8

漉したコンソメを火にかけ、沸騰したら脂とあくを取り、塩で味を調える。

9

透き通ったコンソメのでき上がり。

シェフのヒント

通常レストランでは、血や余分な脂を取り除いた鶏ガラを4時間ほどかけてブイヨンをとり、そのブイヨンと牛ひき肉などで5時間ほどかけてコンソメを作ります。ここではご家庭用に、既製品のビーフコンソメを使った、少し簡単なレシピをご紹介します。ビーフコンソメは液体の冷凍タイプがおすすめ。味に安定感があります。出てきたあくは徹底的に取り除くこと！　それが、透き通ったコンソメを作る秘訣です。

Chapitre

2

伝統の一皿をモダンなテリーヌに再構築

Plats traditionnels et terrines reconstituées

フランスの伝統的な料理と、その一皿からインスパイアーされたテリーヌのクリエーション。対にして見ていただくと、テリーヌという小さな台形の中に凝縮された世界観をより楽しんでいただけるのではないでしょうか。ソースやつけ合わせも絵画的に。目に鮮やか、食べて納得の五感が喜ぶテリーヌです。

Salade niçoise

Terrine à la salade niçoise

伝統の皿：サラダニソワーズ

Salade niçoise

フランス南東部、地中海に臨むニースの名物料理。地元の人々がありあわせの材料で作る、実に日常的なサラダです。本場では「合わせる野菜は生野菜のみ！」という掟があるそうで、パリではゆでたいんげんやじゃがいもが入っていたりするのですが、ニースっ子はそれを邪道だと思っているのだとか。ここではツナを手作りのめかじきのコンフィで贅沢に、お約束のアンチョビとオリーブ、ゆで卵と野菜類を盛り合わせました。サラダのソースは食べる直前にかけましょう。

材料（1～2人分）

じゃがいも（メークイン）…… 1/4個
さやいんげん …… 5本
レタス …… 1/4個
トマト …… 1/2個
ピーマン …… 1/2個
紫玉ねぎ …… 1/5個
ゆで卵 …… 1個
めかじきのコンフィ（下記参照）…… 60g
種なし黒オリーブ …… 7個
アンチョビ …… 3本
にんにく風味のヴィネグレットソース（p.101参照）…… 適量
塩 …… 適量
こしょう …… 適量
パセリ（みじん切り）…… 5g

作り方

1. じゃがいもは塩ゆでにし、食べやすい大きさに切る。さやいんげんは塩ゆでし、氷水にとって色止めし、水気をきり、食べやすい大きさに切る。
2. レタスはちぎり、冷水に浸けてシャキッとさせ、水気をきる。トマトは4等分、ピーマンは輪切り、ゆで卵は縦に4等分に切る。紫玉ねぎは繊維に直角に薄切りにし、水にさらして辛味を抜き、水気をきる。めかじきのコンフィは一口大にほぐす。
3. レタスをヴィネグレットソースであえる。
4. レタスとパセリ以外の具材はすべてバットに並べ、ヴィネグレットソースをかけ、塩、こしょうで味を調える。
5. 器に3、4を彩りよく盛り、パセリを散らす。

めかじきのコンフィ

めかじき …… 500g
A
- 塩 …… 8g
- こしょう …… 1g
- グラニュー糖 …… 0.75g
- にんにく（薄切り）…… 1かけ分
- タイム …… 3～4枝
- ローリエ（半分に割る）…… 2枚分

B
- にんにく（半分に切る）…… 1かけ分
- タイム …… 3～4枝
- ローリエ …… 1枚

サラダ油 …… 適量（めかじきが完全に隠れる量）

準備

めかじきはAをもみ込み（**a**）、ラップをかけて冷蔵庫に一晩おいてマリネする。

1. 一晩おいて出てきた水分をきれいに洗い水気を拭く。
2. 鍋にめかじきを入れ、サラダ油をかぶるくらい注ぎ（**b**）、Bを加えて強火にかける。小さな泡が静かに上がってきたら弱火にし、90℃を保ちながら20分煮る（**c**）。
3. 煮上がったら常温で粗熱をとり、冷蔵庫で冷ます。

a

b

c

再構築：サラダニソワーズのテリーヌ仕立て

Terrine à la salade niçoise

テリーヌ全般に言えることですが、さやいんげんの水分、めかじきとアンチョビの油脂分はペーパータオルでしっかり取るのがポイント。油脂はゼラチンで固めることができないので、必ずと言っていいほど型崩れを起こします。味がついていないじゃがいもや卵を型に詰めるときは、そのつど塩を少しふること。各段階で味を調えていくことで美味しいテリーヌに近づきます。また、この方法で作ったゆで卵はいつでも黄身が真ん中にくる優れものです。テリーヌ以外の料理にもお役立てください。

材料（15cmテリーヌ型1本分）

全卵 …… 5個
めかじきのコンフィ（p.70参照）…… 280g
じゃがいも（メークイン）…… 150g
さやいんげん …… 20本
キャベツ …… 5枚
赤パプリカ …… 1個
アンチョビ …… 8本
コンソメ …… 132g
ゼラチン …… 7g

＊盛りつけ
にんにく風味のヴィネグレットソース（p.101参照）を表面に塗る、ミニトマト、マイクロトマト、紫玉ねぎ、黒オリーブ、マーシュ、黒粒こしょう（つぶす）…… 各適量

作り方

1 卵は丸いほうの殻に穴をあける。鍋にアルミ箔を敷き、卵のとがっているほうを下にして置き、隙間にアルミ箔を入れて動かないようにする（**a**）。卵の半分の高さまで水を入れ、強火にかける。沸騰したら弱火にし、ふたをして9分ゆでて氷水にとる。

2 鍋にコンソメを入れて強火にかけ、沸騰したらゼラチンを加えて溶かす。

3 じゃがいもは皮つきで水から塩ゆでし、皮をむき、縦に6等分に切る。さやいんげんとキャベツはそれぞれ塩ゆでし、氷水にとり、水気を拭く。赤パプリカは焼き網にのせ、強火で真っ黒になるまで焼き、氷水にとり、皮をむいて縦に4等分に切る。

4 ペーパータオルを2枚並べて敷き、キャベツはカットするときに軸を断ち切れるように軸を横向きに表裏を揃えて並べる（**b**）。ペーパータオルを重ね、麺棒を転がして軸をつぶして平らにする（**c**）。裏面も同様に平らにする。型の長さに合わせてキャベツをペーパータオルごと切る。

5 型にラップを敷き（p.20参照）、キャベツの表側のペーパータオルをはがし、表が下になるように型に敷く。角までしっかり敷き詰め、裏側のペーパータオルをはがす（**d**）。

6 ゆで卵は上下の白身を黄身がわずかに見えるくらい切り、まわりに切り込みを入れ、ゼリー液が染み込むようにする（**e**）。

7 型にゼリー液を入れ、じゃがいも、さやいんげん、棒状に切っためかじきのコンフィ、アンチョビ、赤パプリカを詰め、そのつどゼリー液を入れる。ゆで卵を縦1列に並べる。カットしたときにゆで卵が断面の中心にくるように、狭いほうの側面を見てゆで卵を真ん中に並べる（**f**）。残りの具材を上下左右で隣り合わないように詰め、そのつどゼリー液を入れる。

8 キャベツをかぶせ、上側の余分は切り揃える（**g**）。ラップをかぶせ（p.21参照）、冷蔵庫で冷やし固める。

a

b

c

d

e
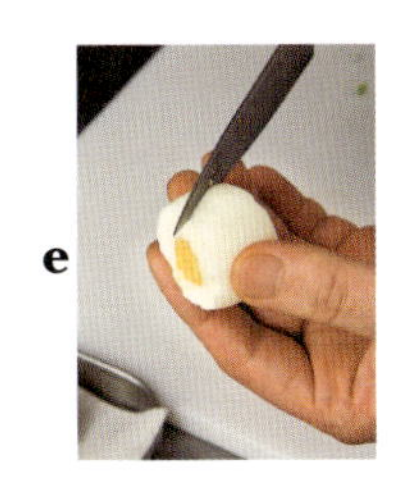

f

g

Ratatouille

再構築：ラタトゥイユ、すみいか、大葉のテリーヌ

Terrine de ratatouille et de seiches à l'encre au "Shiso"

伝統の皿：ラタトゥイユ

Ratatouille

野菜は炒めることによって、野菜本来の香りが引き出され、煮崩れしにくくなります。また、煮上がりの色にも影響します。この料理は野菜をひとつひとつ炒めるつど塩、こしょうをすること。そして炒め上がりは余分な油をきることが鉄則です。ラタトゥイユは野菜から出てくる水分だけで煮込むので、最終的に味をみて、ぼやけているなと思ったら白ワインビネガーで調整します。加えるのはほんの少し。酸味が加わることで味が引き締まります。このテクニックは覚えておくと便利です。

材料（作りやすい分量）

トマト …… 2個
なす …… 1 1/2～2個
ズッキーニ …… 1～1 1/2本
赤パプリカ …… 1個
黄パプリカ …… 1個
玉ねぎ …… 3/4個
にんにく（半分に切る）…… 2かけ分
トマトペースト …… 小さじ1～3
タイム …… 2枝
ローリエ …… 1枚
オリーブ油 …… 大さじ5
塩 …… 合わせて15g
こしょう …… 適量

＊盛りつけ
穂じその実 …… 適量

作り方

1 トマトは皮をむいて種を取る。野菜はすべて大きさを揃えて一口大に切る（**a**）。

2 フライパンにオリーブ油大さじ3を熱し、なすを炒める。塩、こしょうをしっかりふり（**b**）、薄く焼き色がついたらざるに上げ、油をきる（**c**）。ズッキーニ、パプリカも同様に1種類ずつ炒め、ざるに上げる。トマトはオリーブ油なしでさっと炒める。

3 鍋にオリーブ油大さじ2、にんにくを入れて弱火にかける。にんにくが色づいたら玉ねぎ、タイム、ローリエ、塩を加え、炒める。玉ねぎがしんなりしたら**2**を加え（**d**）、炒め合わせる。トマトペーストを加えて混ぜ、沸騰したらふたをして弱火で10～15分煮る。徐々に水分が出てくるので、ときどき上下を返しながら煮る。味をみて、ぼやけていたら白ワインビネガー少量（分量外）を加え、塩、こしょうで味を調える。

a

b

c

d

再構築：ラタトゥイユ、すみいか、大葉のテリーヌ

Terrine de ratatouille
et de seiches à l'encre au "Shiso"

一般的なラタトゥイユと違って、テリーヌに使う場合は野菜を強火で一気にしっかりと炒め上げます。弱い火加減では野菜がくたくたになって、テリーヌには大敵の水分が多く出てしまいます。とはいえ、やはり水分は出てきますので、ざるに上げてきちんと水気をきってください。このレシピのゼリー液はトマトの水分を利用するのでコンソメは少し。野菜の旨味を存分に楽しみます。今回はいかのゲソは使いませんでしたが、細かく刻んでラタトゥイユと一緒に煮込んでもいいですね。

材料（15cmテリーヌ型1本分）

すみいか …… 4杯（1杯350〜400g）
A｛塩 …… 3.8g
　 こしょう …… 適量
B｛赤パプリカ …… 140g
　 黄パプリカ …… 90g
　 ズッキーニ …… 160g
　 なす …… 130g
　 玉ねぎ …… 130g
　 トマト …… 180g
コンソメ …… 200g
ゼラチン …… 12g
にんにく（半分に切る）…… 2かけ分
タイム …… 2枝
ローリエ …… 1枚
大葉 …… 32枚
スペアミント（せん切り）
　…… 1g（大きい葉6枚）
オリーブ油 …… 適量
塩 …… 合わせて5g
こしょう …… 適量

＊盛りつけ
クーリ・ド・トマト（p.103参照）、花穂じそ、ライムの皮（せん切り）、E.V.オリーブ油 …… 各適量

作り方

1 いかは両面に細かく切り目を入れる。両面にAをふる。フライパンにオリーブ油を熱し、強火でいかを両面さっと焼く（**a**）。ペーパータオルを敷いたバットに並べ、さらにペーパータオルとバットを重ねて重石をし、平らにするとともにしっかり油を取る。

2 Bの野菜はすべて1cm角に切る。

3 鍋にコンソメとトマトを入れ、強火にかける。沸騰してトマトが少し崩れたら、ゼラチンを加えて溶かす。あくが出たら取る。

4 フライパンにオリーブ油大さじ2、にんにくを入れて強火にかける。にんにくが薄く色づいたら玉ねぎを加えて塩、こしょうをふり、強火で炒める。ズッキーニとなす、タイムとローリエ、パプリカを順に加え、そのつど塩、こしょうをふり、強火で一気に炒め上げる。弱火にするとくたくたになり水分が出すぎるので注意。にんにく、タイム、ローリエを取り除き、ざるで漉す（**b**）。

5 型の長さに合わせてペーパータオルを切り、大葉を表を下にして隙間なく並べ（**c**）、これをもう1段繰り返し、ペーパータオルを重ねる。

6 **5**を網で挟む。網からはみ出した大葉はペーパータオルごと網の大きさに合わせて折る。さっと塩ゆでし（**d**）、氷水にとる。ペーパータオルごと水気を絞り、丁寧に開く。

7 型にラップを敷き（p.20参照）、大葉の表側のペーパータオルをはがし、表が下になるように角までしっかり敷き詰めておく。

8 **3**に**4**の野菜を加えて混ぜ、中火で煮詰める。鍋底をかくと跡が残る程度が煮詰め上がりの目安（**e**）。分量は640g。ボウルに移し、底を氷水に当て、粗熱をとる。ミントを加えて混ぜ、味をみて塩、こしょうで調える。

9 大葉のペーパータオルをはがし、型に**8**の1/5量を入れる（**f**）。いかは縦半分に切って詰める。あいた部分は大きさを合わせていかを切り、隙間なく並べる（**g**）。これを4回繰り返し、最後にラタトゥイユを入れる。

10 空気を入れないようにラップをかぶせ（p.21参照）、冷蔵庫で冷やし固める。

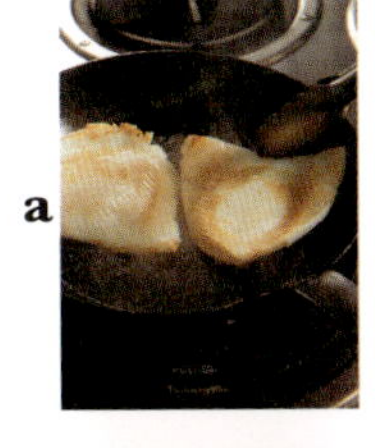
a

b

c

d

e

f

g

Garbure

Terrine de confit de canard aux haricots coco

伝統の皿：ガルビュール

Garbure

ガルビュールはフランス南西部、ベアルヌ地方の白いんげん豆とキャベツを主とした野菜たっぷりのスープです。語源は煮込みを意味するスペイン語の「ガルビアスgarbias」。煮込むほどに味わいが増し、時間をかければかけるほど美味しくなる、素朴な料理です。ベアルヌ地方では農繁期に大鍋で大量に仕込んで、数日かけて味わうのだとか。今回はラードを使っていますが、鴨のコンフィの脂やがちょうの脂で作ると、より本格的に仕上がります。

材料（5～6人分）

白いんげん豆（乾燥）…… 180g
玉ねぎ …… 150g
ポワロー …… 100g
にんじん …… 100g
かぶ …… 150g（2個）
セロリ …… 40g
じゃがいも（メークイン）…… 200g
キャベツ …… 300g
にんにく …… 2かけ
生ベーコン …… 35g
生ハム …… 35g
ラード …… 少量
ブイヨン …… 約1.2ℓ
ブーケガルニ …… 1本
塩 …… 適量
こしょう …… 適量

＊盛りつけ
ピマン・デスペレット …… 適量

準備

白いんげん豆は水に浸し、冷蔵庫に一晩おいてもどす。涼しい季節なら室温でもよい。

作り方

1 白いんげん豆は水からゆで、沸騰したらざるに上げて水気をきる（**a**）。

2 玉ねぎ、ポワロー、にんじん、かぶ、セロリ、じゃがいもは1.5cm角に切る。キャベツはざく切りにする。にんにく、生ベーコン、生ハムはみじん切りにする。

3 鍋にラード、にんにくを入れて弱火にかける。香りが出てきたら、ベーコン、生ハムを加え、炒める（**b**）。玉ねぎ、ポワローを加え、しんなりするまで炒める（**c**）。にんじん、かぶ、セロリを加えて炒める。じゃがいも、キャベツ、ブイヨンを加え（**d**）、強火にして煮る。沸騰してあくが出てきたら取る。白いんげん豆、ブーケガルニを加えて弱火にし、ときどき混ぜ、あくを取りながら、すべてがくたくたに柔らかくなるまで煮込む（**e**）。ブイヨンは具材がひたひたに隠れるくらいの量を保ち、少なくなったら足す。塩、こしょうで味を調える。

ブーケガルニ
タイム5～6枚、ローリエ1枚、パセリの茎5～6本、あればセロリの葉適量をポワローの外側の皮またはペーパータオルでくるみ、たこ糸で縛る。

ピマン・デスペレット
バスク地方にあるエスペレットという小さな村の特産品の唐辛子。ほのかな甘味と爽やかな旨味があり、料理の味を引き立てる。

a

b

c

d

e

再構築：鴨のコンフィと白いんげん豆のテリーヌ

Terrine de confit de canard aux haricots coco

ガルビュールの具をテリーヌ、煮汁はソースと分けて使います。ガルビュールは煮込むほど美味しさが増しますが、テリーヌに仕立てるときはいんげん豆の形が残るように加減します。また、これは温かいテリーヌで、温めると鴨肉がほろほろとほどけてそれが美味しい。ただ、温めると崩れやすくなるのが難点です。テリーヌは冷蔵庫で冷やしておいて、1切れずつカットしてからアルミ箔で包んでオーブンで温めると崩れ防止になります。温製の一皿ですからソースも熱々を。

材料（15cmテリーヌ型1本分）

鴨のコンフィ（右記参照）…… 410g
ガルビュール（p.78参照）…… 600g
ベーコンスライス …… 8枚

＊盛りつけ
白いんげん豆のブイヨン（p.102参照）、ピマン・デスペレット …… 各適量

作り方

1. 鴨のコンフィは骨と皮を取り、粗めにほぐす（**a**）。
2. ガルビュールは粗めのざるで漉し、にんじん、セロリ、かぶを取り除き、ほぼ白いんげん豆だけにする。煮汁は白いんげん豆のブイヨンに使う。
3. 型にアルミ箔を敷き（p.20参照）、ベーコンを隙間なく敷き、底は重ねて並べる（**b**）。鴨のコンフィ120gを詰める。ガルビュールの白いんげん豆200gを重ねる。鴨のコンフィ140g、白いんげん豆210g、鴨のコンフィ150gを順に詰める（**c**）。そのつどフライ返しなどで押さえて平らになるようにする（**d**）。ベーコンをかぶせる（**e**）。
4. アルミ箔をかぶせ（p.21参照）、ふたをする。250℃ほどの高温のオーブンで5分焼く。中の具材には火が通っているので、ベーコンが焼ければよい。重めの重石をし、粗熱がとれたら冷蔵庫で冷やす。

鴨のコンフィ

鴨もも肉 …… 4枚（約1.5kg）
にんにく（すりおろす）…… 1かけ
A ｛塩 …… 約20g
　 グラニュー糖 …… 2.5g
　 白粒こしょう（つぶす）…… 3g
　 タイム …… 5〜6枚
　 ローリエ（ちぎる）…… 2枚分
がちょうの脂
　…… 適量（鴨が完全に隠れる量）

1. 鴨はにんにくをすり込み、さらにAをもみ込み、冷蔵庫に一晩おいてマリネする（**a**）。
2. マリネした鴨は洗って水気を拭く。鍋に鴨を皮目を下にして入れ、がちょうの脂をかぶるくらい加え、強火にかける（**b**）。沸騰しそうになったら弱火にし、90℃を保ちながら6時間ほど煮る。脂は鴨が隠れるくらいの量を保ち、少なくなったら足す。
3. 煮上がったらそのまま冷ます。容器に移し、脂に浸かっている状態で冷蔵庫で保存する。

a 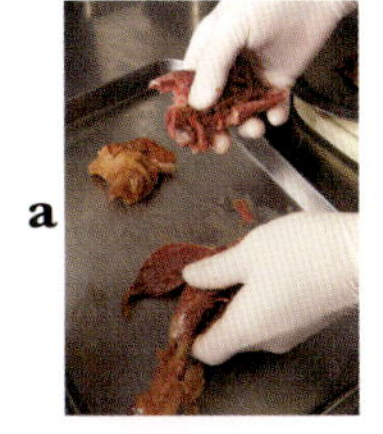
b 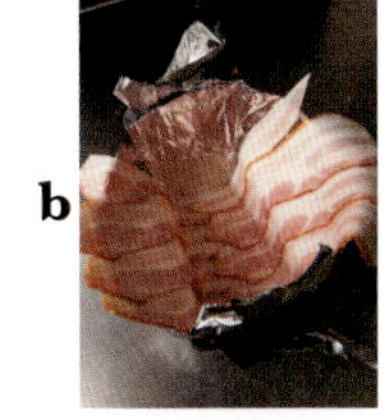

c 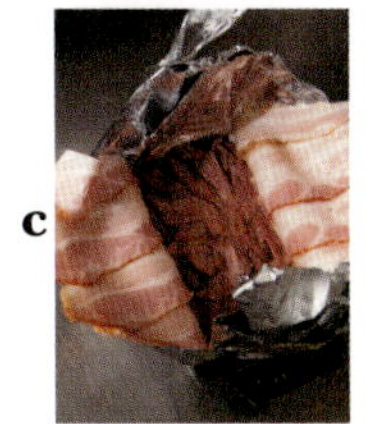
d 
e 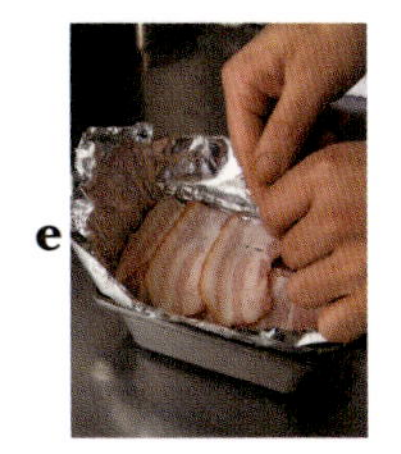

a 
b 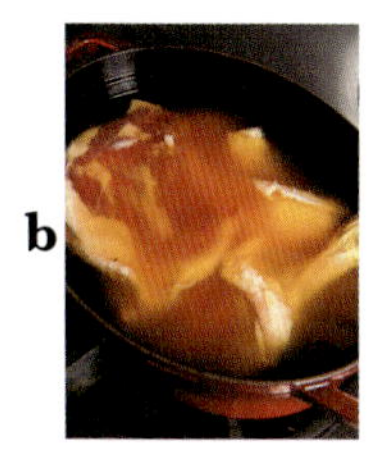

Bœuf bourguignon

Terrine de bœuf braisé au vin rouge et de foie gras

伝統の皿：ブフ・ブルギニョン

Bœuf bourguignon

ブルゴーニュ地方に伝わる代表的な家庭料理。ブフは牛肉、ブルギニョンはブルゴーニュ風を意味します。作り方は家庭ごとにさまざまですが、この本では仕上げの段階で濃度や味の調節をしやすい、アレンジの効くレシピをご紹介します。美味しさの要は肉の焼き加減。しっかり、でも焦がさないように香ばしい焼き色をつけます。赤ワインは煮込むと香りが飛んで枯れた感じになるので、最後にツヤツヤになるまで煮詰めた赤ワインを加えて風味を蘇らせます。

材料（4～5人分）

牛肩バラ肉……1.2kg

A
- にんじん（皮つきで厚めの斜め切り）……1本（200g）
- 玉ねぎ（1cm幅の薄切り）……1～2個分（300g）
- セロリ（1cm幅の薄切り）……1本分（100g）
- ブーケガルニ（p.78参照）……1本
- 赤ワイン……1ℓ
- にんにく（外皮つきで横半分に切る）……小1個

強力粉……適量
サラダ油……大さじ8
フォン・ド・ヴォー……1ℓ

B
- 赤ワイン……200g
- はちみつ……30g

ブールマニエ
（バターと薄力粉を1：1の割合で混ぜる）……40g
ベーコン（拍子木切り）……50g
ペコロス（塩ゆでして半分に切る）……4個分
マッシュルーム（4等分に切る）……6個分
バター……20g
塩……適量
こしょう……適量

準備

牛肉は適当な大きさに切り、たこ糸で縛る。Aを加え、冷蔵庫に一晩おいてマリネする（**a**）。

作り方

1 牛肉のマリネをざるで漉し、牛肉、野菜、赤ワインに分ける。牛肉に塩、こしょうをし、全面に強力粉をつける。

2 フライパンにサラダ油大さじ4を熱し、中火で**1**を全面に美味しそうな焼き色がつくまでしっかり焼く（**b**）。

3 鍋にマリネの赤ワインを入れて強火にかけ、沸騰したらあくを取る。アルコールが飛んだら**2**を加え、弱火で煮る。

4 深めのフライパンにサラダ油大さじ4、マリネのにんにくを入れて中火にかけ、揚げ焼きにする。香りが出たらマリネの残りの野菜を加え、強火で色づくまで炒め、ざるに上げて油をきる（**c**）。

5 **3**に**4**を加えて弱火にし、少し隙間をあけてふたをし、5時間ほど煮込む。

6 **5**をざるで漉し、鍋に煮汁とフォン・ド・ヴォーを入れて強火にかけ、沸騰したらあくを取る。

7 バットに牛肉を入れ、**6**を加える（**d**）。そのまま冷まし、冷蔵庫に一晩おく。

8 **7**を肉と煮汁に分ける。肉は適当な大きさに切る。

9 鍋にBを入れて強火にかけ、水分がほとんどなくなり、ツヤツヤになるまで煮詰める（**e**）。**8**の煮汁を加えて沸騰させ、あくを取る。ブールマニエの器に煮汁を少しとって溶かし（**f**）、鍋に戻してよく溶かし、軽くとろみをつける。バターを加え、塩、こしょうで味を調える。

10 別の鍋にベーコンを入れて中火で炒め、ペコロス、マッシュルームを加え、薄く焼き色をつける。**8**の肉と**9**のソースを漉しながら加え（**g**）、沸騰したら弱火にし、肉が温まって柔らかくなるまで15～20分煮込む。

a

b

c

d

e

f

g

再構築：牛肉の赤ワイン煮とフォワグラのテリーヌ

Terrine de bœuf braisé au vin rouge et de foie gras

王道のフランス料理、ブフ・ブルギニョンにフォワグラを合わせた豪奢な一品。このテリーヌは旨味が凝縮されたソースを味わっていただきたいので、通常より型に詰めるソースの比率を高く設定しています。味つけは煮込みのときより濃いめ。煮込みとテリーヌ、液体と固体の性質の違いなのですが、そのほうが美味しさが増すように感じます。意外かもしれませんが、にんじんのピュレが必須要素。風味づけに使ったクミンと赤ワイン煮の相性が秀逸なのがその理由です。

材料（15cmテリーヌ型1本分）

ブフ・ブルギニョンの牛肉（p.82参照）
…… 250g
にんじん ……（芯を取って）100g
澄ましバター …… 小さじ1
A ｛グラニュー糖 …… ひとつまみ
塩 …… 少量
こしょう …… 少量
ブイヨン …… 80g
クミン …… 5～6粒
ローリエ …… 1/2枚
鴨のフォワグラ …… 280g
B ｛ブランデー …… 10g
ポルト酒 …… 10g
C ｛塩 …… 3.3g
こしょう …… 少量
グラニュー糖 …… 少量
赤ワイン …… 70g
はちみつ …… 6g
ブフ・ブルギニョンの煮汁（p.82参照）
…… 350g
ゼラチン …… 10.5g
生クリーム …… 35g
バター …… 10g
塩、こしょう …… 各適量

＊盛りつけ
ケイパーベリー、コルニッション、カクテルオニオン …… 各適量

作り方

1 にんじんは縦に4等分に切り、中心の芯の部分を取り除き（**a**）、適当な大きさに切る。

2 鍋に澄ましバターを入れて強火で熱し、**1**を入れて弱火にし、じっくり炒める。薄く色づいてきたらAを加え、弱火で水分がなくなるまで煮詰める（**b**）。

3 フォワグラは3cm厚さに切る。バットにBを入れ、フォワグラを加えてまぶす（**c**）。両面にCをふり、常温にしておく。

4 鍋に赤ワイン、はちみつを入れて強火にかけ、水分がほとんどなくなり、ツヤツヤになるまで煮詰める。

5 **2**をローリエを除いてフードプロセッサーに入れ、攪拌する。ゼラチン2.5g、生クリーム、バターを加え、そのつど攪拌して粗めに仕上げる。塩、こしょうで味を調える。

6 **4**にブフ・ブルギニョンの煮汁を加え（**d**）、弱火で煮る（煮汁は冷蔵庫においておくと固まった状態になっている）。沸騰したらあくを取り、塩で味を調え、ゼラチン8gを加えて溶かす。

7 **3**のフォワグラをオーブンまたは魚焼きグリルの弱火で両面焼く。焼き色はつけず中まで温める。ペーパータオルを敷いたバットにのせ、冷ます。温かいと脂が出てきてしまうので、粗熱がとれてから血管を骨抜きで取る（**e**）。

8 牛肉をほぐす。ほぐすと色が変わるので、型に入れる直前にほぐす。

9 型にアルミ箔を敷き（p.20参照）、深めのバットに氷水を入れて置く。**6**を少し入れ、片側に牛肉、反対側に**5**のにんじんのピュレ、中心にフォワグラを詰める。**6**を入れる。具材が上下左右で隣り合わないようにこれを繰り返す（**f**）。最後は**6**を多めに入れる（**g**）。

10 アルミ箔を開けたまま冷蔵庫で5分ほど冷やす。表面が固まったらアルミ箔をかぶせ（p.21参照）、冷蔵庫で冷やし固める。

a
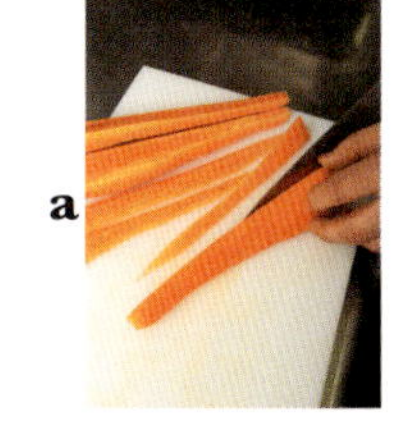

b

c

d
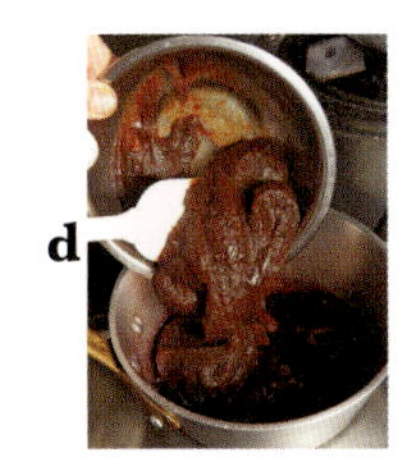

e
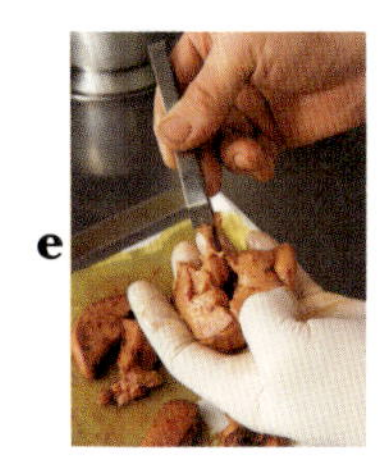

f

g

Gaspacho

再構築：たこ、きゅうり、ガスパチョのテリーヌ

Terrine de poulpe aux concombres et gaspacho

伝統の皿：ガスパチョ

Gaspacho

ガスパチョはアラビア語で「びしょ濡れのパン」という意味で、スペインはアンダルシア地方の冷製スープ。フランス料理ではありませんが、同じ西洋の地の伝統料理ということでご紹介。とろりとするのがこのスープの特徴で、トマトを主にきゅうりや玉ねぎなどの野菜、パン、オリーブ油、ビネガーなどをミキサーにかけて作ります。野菜をふんだんに使うことから別名「飲むサラダ」と呼ばれることもあるとか。一晩寝かせたくらいが美味しさの頃合い。よく冷やしていただきます。

材料（作りやすい分量）

A
- トマト …… 600g
- きゅうり …… 100g
- 玉ねぎ …… 50g
- 赤パプリカ …… 70g
- セロリ …… 50g
- にんにく …… 1/2かけ
- 水 …… 大さじ2
- 白ワインビネガー …… 大さじ1
- 塩 …… 小さじ1
- こしょう …… 少量
- オリーブ油 …… 大さじ3
- 食パン ……（みみを取って）40g

塩 …… 適量
レモン果汁 …… 少量
カイエンヌペッパーまたはタバスコ ……（好みで）適量

B
- きゅうり（みじん切り）…… 適量
- 赤パプリカ（みじん切り）…… 適量
- イタリアンパセリ（葉を摘む）…… 適量
- E.V.オリーブ油 …… 適量
- クルトン …… 適量

※クルトンは食パンを2mm角に切り、120℃のオーブンで焼き、乾燥させる。焼き色はつけない。

作り方

1. 食パンは水（分量外）に浸してふやかし、軽く絞って水気をきる。ミキサーにAを入れ、なめらかになるまで攪拌する。大きめの野菜は適当な大きさに切ってからミキサーに入れる。塩で味を調える。
2. 1を漉す。おたまなどで押して、しっかりと漉す（**a**）。
3. 冷蔵庫に一晩おく。味が馴染み、空気が抜けるので色も濃くなる。
4. レモン果汁、好みでカイエンヌペッパーまたはタバスコを加え、味を調える。器に盛り、Bを散らす。

a

シェフのヒント

ガスパチョは意外にもアレンジ力のある料理。スープとして楽しむほか、帆立の刺し身の下に敷いてソース代わりにする使い方もあります。タバスコなどで辛味を効かせれば、さらにバリエーションが広がります。

再構築：たこ、きゅうり、ガスパチョのテリーヌ

Terrine de poulpe aux concombres et gaspacho

たこは味が薄いと美味しくないので、ゆでるときの塩加減はしっかり強め。紅茶を入れる目的は臭みを消すことと、色を鮮やかに仕上げることにあります。ゼリー液を加えるときは温度に注意してください。ガスパチョが冷たいと固まってしまうので、必ず常温におくようにします。キャベツは1枚ずつ型に貼りつけるより、あらかじめシートを作っておいて敷き入れたほうが簡単できれいなので、断然この方法をおすすめします。まわりに葉ものを巻くテリーヌすべてに応用できるテクニックです。

材料（15cmテリーヌ型1本分）

たこ（またはゆでだこ）…… 350g
紅茶（ティーバッグ）…… 2袋
きゅうり …… 80g
赤パプリカ …… 40g
キャベツ …… 5枚
ガスパチョ（p.86参照）…… 230g
コンソメ …… 30g
ゼラチン …… 15g
塩 …… 適量

作り方

1 たこは塩もみし、水洗いして、ぬめりを取る。鍋にたっぷりの湯を沸かし、紅茶、塩（湯の3%）を入れ、沸騰したところにたこを入れ（**a**）、足のつけ根のところを指でつまんでみて弾力が出るまでゆでる。ざるに上げて冷ます。

2 たこはフードプロセッサーに入れ、粗みじん状にする。きゅうり、赤パプリカはみじん切りにする。

3 キャベツは塩ゆでし、氷水にとり、水気を拭く。ペーパータオルを2枚並べて敷き、キャベツをカットするときに軸を断ち切れるように軸を横向きに表裏を揃えて並べる。ペーパータオルを重ね（**b**）、麺棒を転がして軸をつぶして平らにする。裏面も同様に平らにする。型の長さに合わせてキャベツをペーパータオルごと切る。

4 型にラップを敷き（p.20参照）、キャベツの表側のペーパータオルをはがし、表が下になるように型に敷く（**c**）。角までしっかり敷き詰め、裏側のペーパータオルをはがす。

5 鍋にコンソメを入れて強火にかけ、沸騰したらゼラチンを加えて溶かし、粗熱をとる。ガスパチョに加え、混ぜる。

6 ボウルに**2**を入れて混ぜ、さらに**5**を加えて混ぜる（**d**）。たこと野菜が冷たすぎるとゼリー液がすぐに固まってしまうので注意する。

7 型に**6**を入れる（**e**）。キャベツをかぶせ（**f**）、上側の余分は切り揃える。ラップをかぶせ（p.21参照）、冷蔵庫で冷やし固める。

a

b

c

d

e

f

Quiche lorraine

Terrine d'épinards aux lardons

伝統の皿：キッシュ・ロレーヌ

Quiche lorraine

このキッシュはロレーヌ地方の郷土料理でベーコンとチーズが入るのが特徴です。目指すのはサクサクのタルト生地。パート・ブリゼの材料は冷やしておいて、バターが溶け出さないように手早く混ぜます。手が温かい人はカードを使うといいでしょう。練りすぎるとグルテンが出てしまうので気をつけて。焼き上がってから溶き卵を塗るのは、サクサクに仕上げるのと、ひび割れなどを補修するためです。この料理は熱いうちにお召し上がりください。

材料（直径18cmのタルト型2台分）

玉ねぎ …… 120g
ベーコン …… 100g
バター …… 20g
グリュイエールチーズ …… 100g

【パート・ブリゼ】
※材料はすべて冷やしておく
A { 強力粉 …… 50g
　薄力粉 …… 200 g
　バター …… 150g
　塩 …… 5g
冷水 …… 60g
溶き卵
　…… アパレイユで使用する全卵の残り

【アパレイユ】
全卵（L玉）…… 1 1/2個（90g）
卵黄（L玉）…… 1個分（20g）
生クリーム …… 190g
ナツメグ …… 少量
塩 …… 少量
こしょう …… 少量

作り方

1 【パート・ブリゼ】Aの粉は合わせてふるい、バターは1cm角に切る。ボウルにAを入れ、指ですり合わせ、さらさらになるまで混ぜる（**a**）。冷水を加え、つまむようにさっと混ぜる。練らないようにひとつにまとめ、かたく絞った濡れ布巾で包み（**b**）、冷蔵庫で1時間以上休ませる。

2 台に強力粉（分量外）をふり、生地の半量を麺棒でのばす。目安は3mmほどの厚さで、型よりひとまわり大きくのばす。型に生地をのせ、型底に空気が入らないようにしっかり敷き込む。余分は麺棒を転がしてカットする（**c**）。型の側面はきれいに押さえ、焼くと生地が縮むので少し型より高くなるように整える。底にフォークなどで穴をあけ（**d**）、冷蔵庫で1時間休ませる。

3 **2**にアルミ箔をかぶせてタルトストーンまたは米などを入れ（**e**）、160℃のオーブンで1時間、芯までカラカラになるようにじっくり焼く。アルミ箔と重石をはずし、160℃でさらに30分焼き、焼き色をつける。

4 玉ねぎ、ベーコンは薄切りにする。グリュイエールは5～6mm角に切る。

5 フライパンにバターを熱し、ベーコンを炒め、脂が出てきたら玉ねぎを加え、玉ねぎがしんなりするまで炒める。バットなどに移し、冷ます。

6 【アパレイユ】ボウルに材料をすべて入れ、泡立て器でなるべく泡立たないように混ぜ、ざるで漉す。

7 **3**に溶き卵を塗る（**f**）。**5**の半量（タルト型1台分）を敷き入れ、グリュイエールの半量を散らす。アパレイユを8分目くらいの高さまで注ぎ入れる（**g**）。180℃のオーブンで表面にきれいな焼き色がつくまで20～30分焼く。

a

b
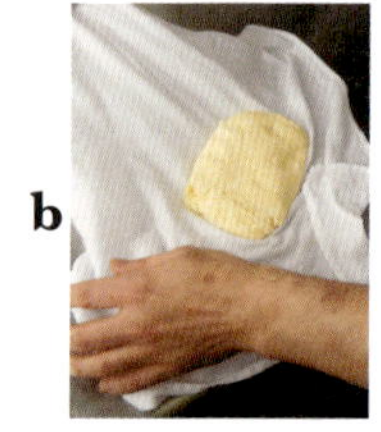

c
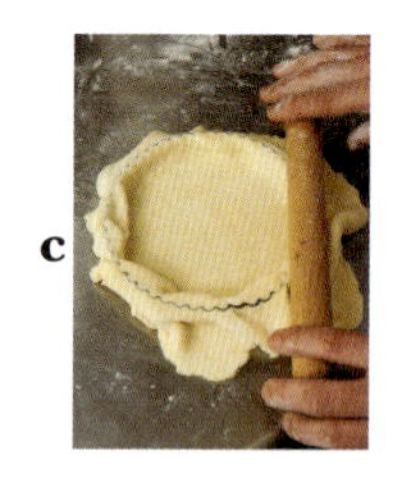

d

e

f

g

再構築：ほうれん草とベーコンのテリーヌ

Terrine d'épinards aux lardons

混ぜて型に流し入れて焼くだけの簡単テリーヌ。ですが、侮るなかれ。誰にも愛されるようなしみじみとした美味しさがあります。目標はほうれん草の緑色と、玉ねぎ・ベーコンの黄色、2種類のアパレイユがマーブル状に混ざること。アパレイユは湯せんにかけて濃度をつけておき、混ざりすぎないようにするのがコツです。これはキッシュ・ロレーヌの再構築ですから、タルト生地も不可欠。パート・ブリゼにグリュイエールなどをのせて焼いた、スティック状のパイを添えます。

材料（15cmテリーヌ型1本分）

ほうれん草 …… 1束
玉ねぎ（みじん切り）…… 200g
ベーコン（みじん切り）…… 145g

【アパレイユ】
全卵（L玉）…… 4個（240g）
卵黄（L玉）…… 2個分（40g）
A｛ 生クリーム …… 90g
牛乳 …… 65g
ナツメグ …… ひとつまみ
塩 …… 2.5g
こしょう …… 少量
グリュイエールチーズ（すりおろす）
…… 100g

＊盛りつけ
グリュイエールチーズパイ（右記参照）
…… 適量

作り方

1 鍋にベーコンを入れ、弱火で炒める。脂が出てきたら玉ねぎを加え、水分を飛ばすようにしっかり炒める。焦げつかないよう注意する。ざるに上げて脂をきる。

2 ほうれん草は塩ゆでし、氷水にとり、水気を絞る。ゆで汁はとっておく。ほうれん草の半量を適当な大きさに切ってミキサーに入れ、ゆで汁50ccほどを加え、ピュレ状になるまで混ぜる。ペーパータオルを敷いたざるにのせ、水気をきる。残りの半量は粗みじん切りにする。

3 【アパレイユ】ボウルに全卵と卵黄を入れ、泡立て器でなるべく泡立たないように混ぜる。Aを加えてさらに混ぜ、ざるで漉す。グリュイエールを加えて混ぜる。

4 アパレイユを1：2くらいに分け、少ないほうのボウルにほうれん草のピュレを加えて混ぜ、ほうれん草のみじん切りも加えて混ぜる（**a**）。

5 多いほうのアパレイユに***1***を加え、混ぜる（**b**）。

6 ***4***を湯せんにかける。最初はグリュイエールが溶けてゆるくなるが、卵が固まりかける80℃くらいまで温めて濃度をつける（**c**）。

7 型にアルミ箔を敷き（p.20参照）、アルミ箔を外側に開いて型に沿わせる。***5***の1/4量ほどを入れ、***6***を縦1列に細く入れる（**d**）。***6***の位置を左右にずらしながら、これを繰り返す。全部入れたら、小さめのスプーンで底から3〜4回すくい、マーブル状に混ざるようにする（**e**）。

8 ラップをしてふたをする（**f**）。110℃のオーブンで1時間10分、湯せんで焼く。竹串を刺して火の通りを確認し、粗熱をとって冷蔵庫で冷やす。

a

b

c

d

e

f

グリュイエールチーズパイ

パート・ブリゼ（p.90参照）
…… 適量（Aとほぼ同量）
A｛ パン粉 …… 70g
グリュイエールチーズ …… 70g
生クリーム …… 60g
卵白 …… 1個分
ナツメグ …… 少量

1 パート・ブリゼを薄くのばし、棒状に切り、冷蔵庫で1時間休ませる。180℃のオーブンで20〜30分空焼きする。

2 フードプロセッサーにAを入れて攪拌する。

3 ***1***に***2***を塗り、トースターで2〜3分ほど、焼き色がつくまで焼く。

※Aを混ぜたものは冷凍保存可能。豚肉などのソテーにのせて焼いても美味。

Bouillabaise

Terrine de bouillabaise

伝統の皿：ブイヤベース

Bouillabaise

魚介の旨味を贅沢に味わうブイヤベースです。土台となるスープ・ド・ポワソンをどれだけ美味しく作るかがカギ。アラの旨味をしっかり出しつつ、生臭みを出さない。香味野菜と魚介の味のバランスをうまくとり、濃すぎるだけのスープにしないことも大事ですね。今回、アラは鯛の頭だけを使いましたが、複数の魚や甲殻類を組み合わせると、より深みのある旨味が引き出せます。ブイヤベースとして仕上げるには、新たに白身魚、甲殻類、貝類、いかなどをバランスよく組み合わせ、スープ・ド・ポワソンを注いで火が入るまで煮込みます。

材料（4人分）

A
- オマール海老（殻つき）…… 1尾
- 白身魚（ぶつ切り）…… 400g
- まこがれい（ぶつ切り）…… 300g
- たら（ぶつ切り）…… 200g
- 海老（頭と殻つき）…… 4尾
- ムール貝（殻つき）…… 12個
- 帆立貝（殻つき）…… 4個
- いか*（1cm幅の輪切り）…… 1杯分

スープ・ド・ポワソン（p.146参照）…… 2ℓ
にんじん（せん切り）…… 70g
ポワロー（せん切り）…… 70g
じゃがいも（皮をむいて厚切り）…… 200g
ペルノー酒 …… 20g
塩 …… 適量
オリーブ油 …… 適量
＊いかの種類は好みで。胴部、ミミ、足を使う。

＊盛りつけ
魚介とスープは別の器に盛る。
サフラン、イタリアンパセリ、ルイユ（p.105参照）、グリュイエールチーズ（おろしたもの）、クルトン …… 各適量

準備

❶オマールを殻つきのまま軽く下ゆでする。頭をはずし、爪とテールに分ける。爪は一部の殻をはずして身をむき出しに、テールは縦二つ割りにしてさらに半分に切る（**a**）。
❷ムール貝は白ワイン（分量外）で酒蒸しにする。
❸帆立貝は上部の殻を取り除く。

作り方

1 鍋にオリーブ油をひき、にんじんとポワローを炒める。しんなりしたらスープ・ド・ポワソンを加えて強火で沸騰させ、あくを取る。塩で味を調え、ペルノー酒で風味をつける。じゃがいもを入れて柔らかくなるまで煮る（**b**）。

2 深鍋に魚介（A）を盛り合わせ、**1**を注ぐ（**c**）。強火にかけて魚介に火が通るまで煮る。

a

b

c

再構築：ブイヤベースのテリーヌ仕立て

Terrine de bouillabaise

たらの身をすり身状に練り上げたブランダードにスープ・ド・ポワソンを混ぜ、これを魚介や甲殻類のつなぎ生地とすることで、テリーヌにブイヤベースの味と香りを表現。具となる魚介類はソテーや塩ゆでし、形を生かしてごろごろと詰め合わせます。テリーヌは温めてサーブし、ルイユをスープ・ド・ポワソンでのばしたソース、サフランで香りづけしたチュイル、カップに注いだスープ・ド・ポワソンを添え、ブイヤベースが満喫できる仕立てです。

材料（15cmテリーヌ型1本分）

【ブランダード】

生たら …… 150g
塩 …… 1.5g（たらの重量の1%）
A ｛ 牛乳 …… たらが浸かる量
　タイム …… 1枝
　ローリエ …… 1枚
　にんにく …… 1/2片
スープ・ド・ポワソン（p.146参照）…… 120g
じゃがいも（メークイン。塩ゆでして裏ごししたもの）…… 150g
卵黄 …… 1 1/2個分
にんにく（みじん切り）…… 1かけ分
オリーブ油 …… 適量

オマール海老（殻つき）…… 1尾（450g）
白身魚（三枚おろし）…… 1枚（250g）
帆立貝柱（生食用）…… 5個
いか …… 1/2杯
セミドライトマト（オイル漬け）…… 60g
黒オリーブ（種なし）…… 25g
ポワロー …… 1本
塩、こしょう …… 各適量

＊盛りつけ
テリーヌは切り分けてアルミ箔で包み、オーブンで温める。
ルイユ（p.105参照）をスープ・ド・ポワソンでのばしたソース、スープ・ド・ポワソン、サフラン風味のチュイル …… 各適量

準備

❶（前日）たらは皮をはずし、適当な大きさに切ってバットに入れ、塩をまぶして2時間ほど漬ける。水洗いしてAを加え、一晩マリネする（**a**）。

❷白身魚は皮面に縦の切り目を2本入れる。いかは両面ともに皮をむき、斜めに細かく隠し包丁を入れる。切り目の方向を裏と表で直角にする。

作り方

1 【ブランダード】マリネしたたらをマリネ液ごと鍋に入れ、強火で火を通す。ざるに上げて水分をきる。鍋にオリーブ油とにんにくを入れて中火にかけ、香りが出てきたらたらを入れて、木べらでほぐしながら炒めて水分を飛ばす（**b**）。乾いてきたら、じゃがいもを加えて練り合わせ、続けてスープ・ド・ポワソンを加えて（**c**）、生地の水分が飛んで粘りが出るまで練り上げる。火を止めて卵黄を加え、素早く混ぜ込んで粗熱をとっておく。

2 セミドライトマト、黒オリーブはそれぞれさっとゆでて油分や表面の塩分を落とし、水分をきる。

3 ポワローを緑の部分と白い部分に分け、白い部分はたこ糸でしっかり縛る。ともに柔らかくなるまで塩ゆでし、氷水にとって水分をよくきる。白い部分は太すぎる場合は外側を何枚かむく。

4 オマール海老を殻ごと塩ゆでして火を入れ、爪とテールの殻をむいて身を取り出す。

5 白身魚、帆立貝柱、いかは塩、こしょうをふり、染み出した水分をペーパータオルで拭き取る。フライパンにオリーブ油を熱し、白身魚を皮目からへらで押しつけて平らに焼く。香ばしい焼き色をつけて、裏面も同様にする（**d**）。ペーパータオルで油分を拭き取る。帆立貝柱、いかも同様に焼き、白身魚は縦に2等分する。

6 型にラップを敷く（p.20参照）。ポワローの緑の部分は縦に切り目を入れて開き、包丁でしごいてぬめりを取る。ペーパータオルの上に少しずつ端を重ねて置き、直角に向きを変えて二枚目を重ねる（**e**）。ペーパータオルをのせ、水分を取り除き、型の寸法に合わせて切り整える。縁から両側にも垂らしながら型に敷く。

7 型底にブランダードを敷き、魚介と野菜を色のバランスをとってランダムに詰める（**f**）。具材の間にもブランダードを入れ、スプーンなどでしっかり押し込んで隙間ができないようにする。一番上はブランダードを詰める。両脇のポワローをかぶせてラップをかけ（p.21参照）、冷蔵庫で冷やす。

a

b

c

d

e

f

Boudin noir

Terrine de boudin noir

伝統の皿：ブーダン・ノワール

Boudin noir

豚の血のソーセージです。血液に背脂や玉ねぎ、パン粉を混ぜて腸詰めしますが、なめらかな口当たりが命なので、パン粉はごく細かく、背脂や玉ねぎも小角切りにしてちりばめます。また加熱温度や時間も重要で、高温で煮すぎると血が固まり、口当たりがモソモソするので慎重に。今回はベーシックなレシピですが、栗やりんごを小さく刻んで混ぜるのもバリエーションの定番です。翌日まで持ち越す場合は1本ずつ真空パックし、氷詰めにして冷蔵庫で保管してください。

材料（70g×9本分）

豚の血* …… 250g
背脂（5㎜角）…… 70g
にんにく（みじん切り）…… 2かけ分
玉ねぎ（みじん切り）…… 280g
生クリーム …… 110g
パン粉* …… 48g
A
- 塩 …… 9g
- タイム …… 1枝
- ローリエ …… 1枚
- カトルエピス …… 1.3g
- ピマン・デスペレット（p.78参照）…… 1.3g

豚腸（塩漬け）…… 適量

＊豚の血は、冷凍品（フランス産）とフレッシュ（沖縄産）が購入できる。
＊パン粉はミキサーにかけて、ごく細かくする。

＊盛りつけ
りんごのピュレ（p.105参照）…… 適量

準備

豚腸を流水にさらして塩分を抜き、腸の内側にも水を通してきれいにする。

作り方

1 広口鍋を強火で温めてから、弱火にして背脂を炒める。少し色づき、脂が出きるまでよく炒め（**a**）、にんにくを加えて香りが出るまで炒める。玉ねぎを加え、甘味が出るまでしっかり炒めてから、Aの調味料を加え（**b**）、炒め合わせる。生クリームを混ぜ（**c**）、火からはずして軽く粗熱をとる。

2 豚の血を加え、中火でとろみが少しつくまで混ぜ続ける（**d**）。パン粉を加え、さらによく混ぜる。ボウルに移し、底を氷水に当てながらよく混ぜて冷ます（**e**）。タイムとローリエを除く。

3 絞り袋に直径1.3㎝の丸口金をセットし、口金の管の先に豚腸をはめる。もう一方の腸の端は堅結びにする。絞り袋に**2**を詰め、ゆっくりと絞りながら豚腸に詰める（**f**）。詰め終えたら腸の端を堅結びにする。70gずつにねじり、切り分け、それぞれの端を堅結びにする（**g**）。同様に繰り返す。
※口金は管の長い腸詰用を使う。腸がパンパンに膨れるほど詰めると加熱時に破れるので、余裕をもたせて詰める。

4 鍋に湯を沸かして80℃に保ち、ブーダンを25分ゆでる。ざるに上げて冷まし、食べる直前に表面を焼く。

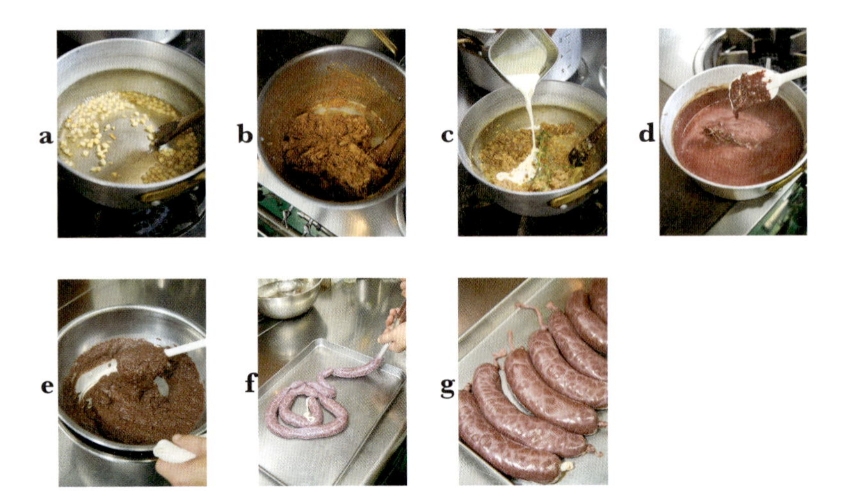

再構築：ブーダン・ノワールのテリーヌ

Terrine de boudin noir

ブーダンの詰め物をそっくりテリーヌにするシンプルな再構築。とはいえ、ソーセージ状に作る場合とは違った工夫が必要です。まず、テリーヌは崩れやすいので保形性を高めるため、つなぎ材料として卵とコーンスターチを加えること。また腸詰は温製で食べるのに対し、テリーヌは冷製なので、血の濃さや生臭みが気にならないよう血液の配合をやや抑え、マイルド感を出します。ブーダンはフルーツやナッツ、クルトンと相性がよいので、テリーヌに彩りよく添えて味のマッチングを楽しみましょう。

材料（15cmテリーヌ型1本分）

豚の血……250g
生クリーム……100g
全卵……75g
卵黄……12g
コーンスターチ……3.6g
パン粉*……15g
背脂（5㎜角）……170g
にんにく（みじん切り）……3かけ分
玉ねぎ（みじん切り）……190g
A｛塩……9g
　カトルエピス……1.5g
　ピマン・デスペレット（p.78参照）……1.2g

*パン粉はミキサーにかけて、ごく細かくする。

*盛りつけ
セミドライのプルーン、栗の甘露煮、くるみ、クルトン、カカオマスのクランブル（カカオマスを湯せんで溶かし、マルトセックを混ぜてクランブル状に固めたもの）、りんごのピュレ（p.105参照）、じゃがいものピュレ、ピマン・デスペレットのオイル、レッド・オキザリス、ノコギリソウ、食用花（マリーゴールド）……各適量

作り方

1. 広口鍋を強火で温めてから、弱火にして背脂を炒める（**a**）。少し色づき、脂が出きるまで炒めてから、にんにくを加えて炒める。香りが出てきたら玉ねぎを加え、しっかりと火が入って甘味が出るまでよく炒める（**b**）。Aの調味料を加え、炒め合わせる。
2. ボウルに豚の血を入れ（**c**）、生クリーム、全卵、卵黄を加えて泡立て器でよく混ぜる（**d**）。コーンスターチを加え、だまができないようによく混ぜる。
3. **2**を**1**の鍋に加え（**e**）、強火で混ぜながら火を入れる。わずかにとろりとして粒状のかたまりができてきたら火からおろし、パン粉を加え混ぜる（**f**）。
4. テリーヌ型にアルミ箔を敷く（p.20参照）。**3**の生地を流し入れ（**g**）、ラップをかぶせ、さらに大きなラップで全体を覆う。85℃のオーブン（スチーム）で45分焼く。竹串を刺し、何もついてこなければ焼き上がり。ラップを除いてアルミ箔をかぶせ、平ら板と重石をのせて、粗熱をとってから冷蔵庫で冷やす。

※オーブンで焼いている間に、隙間から蒸気が入らないよう、ラップは二重にかける。

a

b

c

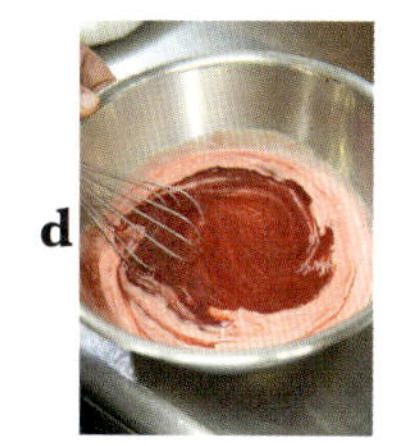
d

e

f

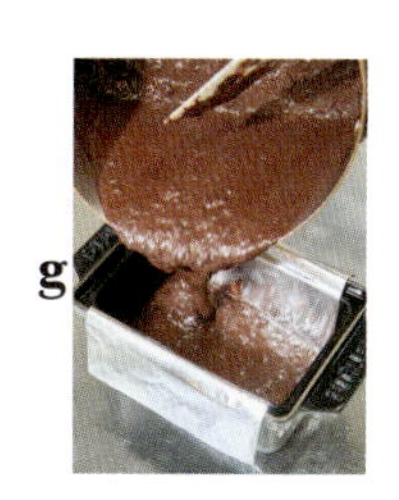
g

マルトセック
タピオカ由来の成分で、油脂製品に混ぜると油脂分を吸収して固形化する。加える量により、ペースト状、そぼろ状、パウダー状などに変化する。スペイン産。

ピマン・デスペレットのオイル
赤唐辛子と一緒に搾油したオリーブ油にピマン・デスペレットを加えて風味をつけた辛味の効いたフレーバーオイル。南フランス産。

トマトマヨネーズ

→ p.27、p.169

材料

A｛ 卵黄 …… 1個分
ディジョンマスタード …… 小さじ1
白ワインビネガー …… 小さじ1
塩 …… 少量

サラダ油 …… 180㎖
トマトペースト …… 120g

1 ボウルにAを入れ、よく混ぜ合わせる。サラダ油を少しずつ加えて混ぜ、乳化させる。トマトペーストを加えて混ぜる。

トマトクリーム

→ p.31

材料

トマトマヨネーズ（上記参照）…… 100g
生クリーム …… 50㎖

1 材料を混ぜ合わせる。

燻製にかけたホイップクリーム

→ p.29、p.59

材料

生クリーム …… 150㎖
スモークウッド …… 適量
塩 …… 少量

1 ボウルに氷を入れてひと回り小さいボウルを重ね、生クリームを入れる。燃やしたスモークウッドをアルミ箔にのせてボウルの縁に掛け、全体をアルミ箔で覆う。生クリームをときどき混ぜながら30分～1時間スモークする。

2 塩で味を調え、適度な硬さに泡立てる。

ヴィネグレット・ヴィヤンド

→ p.29

材料

ヴィネグレットソース（p.103参照）…… 100㎖
フォン・ド・ヴォー …… 50㎖
塩 …… 適量

1 フォン・ド・ヴォーを煮詰め、粗熱をとる。

2 **1**にヴィネグレットソースをハンドブレンダーで混ぜながら少しずつ加え、乳化させる。塩で味を調える。

香草マヨネーズ

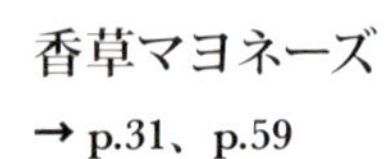

→ p.31、p.59

材料

A｛ ほうれん草 …… 1束
クレソン（葉のみ）…… 1束分
エストラゴン …… 1パック
ディル …… 1パック

サラダ油 …… 180㎖

B｛ 玉ねぎ（すりおろす）…… 1個分
ディジョンマスタード …… 小さじ1
白ワインビネガー …… 小さじ1
塩 …… 少量

塩 …… 適量

1 Aをさっと塩ゆでし、氷水にとって水気をきる。ミキサーに入れ、サラダ油を加えて撹拌する。

2 ボウルにBを入れて混ぜ、**1**を少しずつ加え、乳化させる。塩で味を調える。

きゅうりのソース

→ p.45

材料

きゅうり
（すりおろす）…… 2本分

A｛
- 白ワインビネガー …… 40㎖
- E.V.オリーブ油 …… 40㎖
- 塩 …… 適量

1. きゅうりを目の細かいざるに上げ、水分をきる。
2. Aを加えて混ぜる。

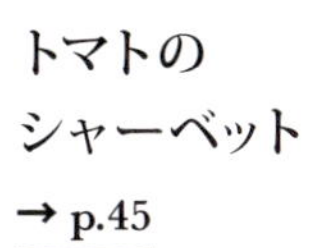

トマトのシャーベット

→ p.45

材料

トマト …… 2個

A｛
- トマトペースト …… 小さじ2
- レモン果汁 …… 小さじ1
- 塩 …… ひとつまみ
- グラニュー糖 …… 極少量

1. トマトはへたを取り、ミキサーで攪拌し、漉す。Aを加えて混ぜる。
2. 深めのバットに入れ、冷凍庫で凍らせる。ときどきかき混ぜて空気を含ませ、シャーベットにする。

クレーム・エーグル

→ p.47

材料

生クリーム …… 150㎖
レモン果汁 …… 少量
塩 …… 少量

1. 材料をすべて混ぜ合わせ、適度な硬さに泡立てる。

柿のチャツネ

→ p.49

材料

バター …… 20g
しょうが（みじん切り）…… 25g

A｛
- 柿（ざく切り）…… 1個分
- あんぽ柿（ざく切り）…… 1個分
- りんご（薄切り）…… 1個分

B｛
- 白ワイン …… 40㎖
- パン・デピスパウダー …… 少量
- レモン果汁 …… 少量

1. 鍋にバターを熱し、しょうがを炒める。香りが出てきたらAを加え、軽く炒める。Bを加えて軽く煮詰める。フードプロセッサーに移して攪拌し、冷ます。

グリーンペッパーソース

→ p.47

材料

玉ねぎ（みじん切り）…… 100g

A｛
- グリーンペッパーの水煮
（みじん切り）…… 20g
- 白ワインビネガー …… 25㎖
- 塩 …… 適量
- グリーンペッパーの汁 …… 少量
- オリーブ油 …… 20㎖
- サラダ油 …… 20㎖

パセリ（みじん切り）…… 3g

1. 玉ねぎは塩もみし、辛味がなくなるまで流水にさらし、水気をきる。
2. 1とAを合わせてよく混ぜ、パセリを加えて混ぜる。

にんにく風味のヴィネグレットソース

→ p.70、p.71

材料

A｛
- エシャロット（すりおろす）…… 10g
- ディジョンマスタード …… 15g
- にんにく（すりおろす）…… 3g
- 白ワインビネガー …… 60g
- 塩 …… 4.5g
- こしょう …… 0.5g

B｛
- オリーブ油 …… 120㎖
- サラダ油 …… 120㎖

1. ボウルにAを合わせ、冷蔵庫に一晩おく。
2. 1にBを加えて混ぜ、漉す。

※分離するソースなので、そのつどよく混ぜて使う。

マッシュルームのエスプーマ

→ p.51

材料

玉ねぎ（薄切り）…… 1/2個分
マッシュルーム（薄切り）…… 100g
バター …… 適量
ブイヨン …… 100mℓ
A ｛ 牛乳 …… 50mℓ
　　生クリーム …… 30mℓ
B ｛ （あれば）トリュフジュース …… 少量
　　セープ茸のゆで汁（p.51参照）…… 50mℓ
塩 …… 適量

1. 鍋にバターを熱し、玉ねぎ、塩少量を入れ、しんなりするまで炒める。マッシュルームを加え、水分がなくなるまで炒める。ブイヨンを加え、沸騰させる。ミキサーに移して攪拌し、漉す。
2. 鍋に**1**、Aを入れて火にかけ、沸騰させる。Bを加えて塩で味を調え、ハンドブレンダーでよく混ぜ、泡立てる。

白いんげん豆のブイヨン

→ p.79

材料

ガルビュールの煮汁（p.78参照）…… 200mℓ
コーンスターチ（同量の水で溶く）…… 小さじ1〜2
塩、こしょう …… 各適量
パセリ（みじん切り）…… 適量

1. 鍋にガルビュールの煮汁を入れて火にかけ、沸騰させ、あくを取る。コーンスターチを加えて加熱し、薄いとろみをつける。塩、こしょうで味を調え、パセリを加えて混ぜる。

トランペット茸とポルト酒のペースト

→ p.51

材料

玉ねぎ（薄切り）…… 1/2個分
A ｛ ドライのトランペット茸（水でもどし、よく洗う）…… 30g
　　マッシュルーム（薄切り）…… 100g
ブイヨン …… 100mℓ
ポルト酒 …… 200mℓ
バター …… 適量
塩 …… 適量

1. 玉ねぎはバターでしんなりするまで炒める。Aを加え、水分がなくなるまで炒める。ブイヨンを加え、沸騰させる。ミキサーに移して攪拌し、漉して冷ます。
2. 鍋にポルト酒を入れて火にかけ、1/5量になるまで煮詰める。**1**を加えて混ぜ、塩で味を調える。

黒トリュフのヴィネグレットソース

→ p.63

材料

トリュフ …… 25g
トリュフジュース …… 30mℓ
シェリービネガー …… 20mℓ
白ワインビネガー …… 5mℓ
ピーナッツオイル …… 60mℓ
E.V.オリーブ油 …… 25mℓ
トリュフオイル …… 10mℓ
塩 …… 適量

1. ミキサーに材料をすべて入れて攪拌し、漉す。

クーリ・ド・トマト

→ p.75

材料

トマト …… 2個
トマトペースト …… 小さじ1
A { 赤ワインビネガー …… 少量
レモン果汁 …… 少量
E.V.オリーブ油 …… 少量
塩 …… 少量

1 トマトは湯むきし、果肉と種を分ける。果肉はミキサーで攪拌する。種は漉し、漉し汁とトマトペーストを合わせ、軽く煮詰めて冷ます。
2 1とAを混ぜ合わせる。

アップルビネガーのレデュクション

→ p.65

材料

アップルビネガー …… 適量

1 鍋にアップルビネガーを入れて火にかけ、1/5量になるまで煮詰める。

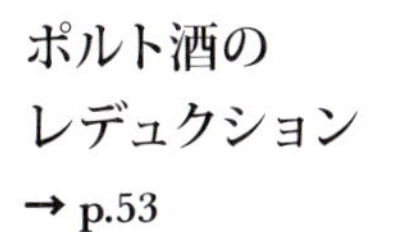

ポルト酒のレデュクション

→ p.53

材料

ポルト酒 …… 適量
コーンスターチ
（同量の水で溶く）…… 適量

1 ポルト酒を鍋に入れ、中火で1/5量になるまで煮詰める。コーンスターチの水溶きを加えてよく混ぜ、とろみを安定させる。粗熱をとって冷やす。

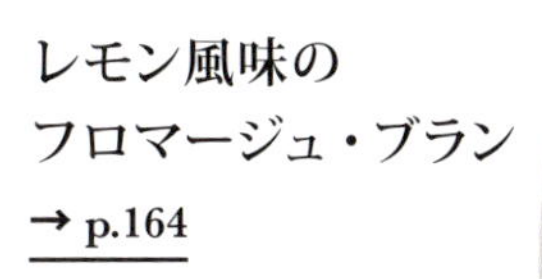

レモン風味のフロマージュ・ブラン

→ p.164

材料

A { フロマージュ・ブラン …… 100g
レモン果汁・皮（すりおろす）…… 1/4個分
生クリーム …… 25g
塩 …… 少量

1 Aを混ぜ合わせ、塩で味を調える。

ヴィネグレットソース

→ p.31、p.33、p.35、p.43、p.57、p.59、p.164、p.169

材料

A { エシャロット（すりおろす）…… 13g
ディジョンマスタード …… 20g
シェリービネガー …… 50g
赤ワインビネガー …… 25g
塩 …… 4g
こしょう …… 少量
B { オリーブ油 …… 150mℓ
サラダ油 …… 150mℓ

1 ボウルにAを合わせ、冷蔵庫に一晩おく。
2 1にBを加えて混ぜ、漉す。
※分離するソースなので、そのつどよく混ぜて使う。

シェフのヒント

ヴィネグレットソースは万能！ でき上がったテリーヌの酸味がほしいときや、カットした断面に塗ってツヤを出すときにも使います。p.28、30、44などのテリーヌに合いますよ。

柚子のピュレ

→ p.57

材料

柚子 …… 3個
はちみつ …… 40g
柚子酢 …… 50g
水 …… 100g
塩 …… 少量
オリーブ油 …… 70g

1. 柚子を1個ずつ、丸ごとアルミ箔で包み、150℃のオーブンで30～40分焼く。
2. 1のへたと種を除き、出てきた汁と果肉をミキサーで撹拌する。
3. 2に残りの材料をすべて加えてさらに撹拌し、漉す。

ラタトゥイユのソース

→ p.41

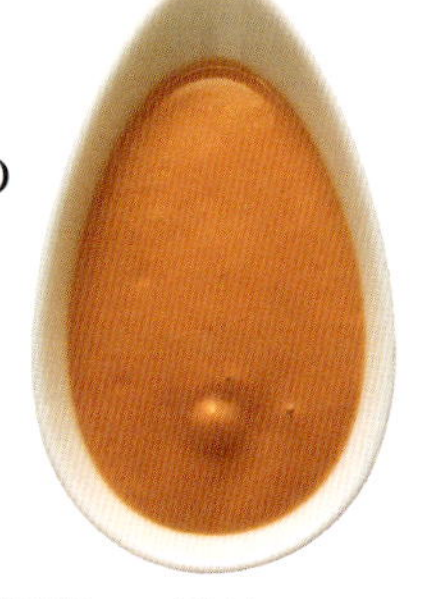

材料

ラタトゥイユ（p.74参照）* …… 適量
白ワインビネガー …… 適量
E.V.オリーブ油 …… 適量
＊なすは皮があるとソースの色が悪くなるため、皮をむいて作ったラタトゥイユを使う。

1. ラタトゥイユをミキサーにかけてピュレ状にする。
2. ボウルに全材料を合わせ、ハンドブレンダーで撹拌して乳化させる。

はまぐりと長ねぎのエミュルショネ

→ p.33

材料

はまぐりの身
（酒蒸ししたもの）…… 130g
はまぐりの汁 …… 250g
長ねぎ（緑の部分を塩ゆでしたもの）…… 500g
長ねぎのゆで汁 …… 400g
E.V.オリーブ油 …… 適量
塩 …… 適量

1. はまぐりの身と汁をミキサーで撹拌する。
2. 長ねぎをゆでたものとゆで汁をミキサーで撹拌する。
3. 1と2をボウルに合わせ、E.V.オリーブ油を加えてハンドブレンダーで撹拌して乳化させ、塩で味を調える。

大葉のアンショワイヤード

→ p.43

材料

大葉 …… 50枚
大葉のゆで汁 …… 適量
アンチョビ …… 15g
にんにく …… 5g
ディジョンマスタード …… 5g
白ワインビネガー …… 少量
オリーブ油 …… 20g
ジェルエスペッサ …… 少量

1. にんにくを水で3回ゆでこぼしする。大葉はさっとゆでる。
2. 材料をすべてミキサーで撹拌し、ピュレ状にする。

ジェルエスペッサ

増粘剤のひとつで、液体に混ぜるだけでとろみがつく。加熱しないため、フルーツや野菜のフレッシュ感や風味が失われないのがメリット。スペイン産。

ルイユ

→ p.94、p.95

材料

にんにく（すりおろす）
…… 1かけ分
じゃがいも …… 30g
卵黄 …… 2個分
白ワイン …… 30g
サフラン …… 少量
オリーブ油 …… 80g
カイエンヌペッパー …… ごく少量
塩 …… 適量

1 じゃがいもを柔らかく塩ゆでして皮をむき、裏漉しする。
2 白ワインにサフランを加えて軽く煮詰め、粗熱をとる。
3 にんにく、卵黄、1、2をボウルで混ぜ、オリーブ油を垂らしながら混ぜてなめらかなピュレ状にする。カイエンヌペッパーと塩で味を調える。

ショコラ・ブランとオーキッドのアングレーズソース

→ p.123

材料

卵黄 …… 60g
グラニュー糖 …… 40g
牛乳 …… 440g
クーベルチュール（ブラン。
タブレット、または刻む）
…… 240g
オーキッドシロップ(p.123参照) …… 75g
生クリーム …… 120g
色粉（紫色）…… 少量

1 アングレーズソースを作る。牛乳を鍋に入れて沸騰直前まで温める。卵黄とグラニュー糖をボウルに入れ、もったりするまでよく泡立てる。温めた牛乳を少しずつ加えながらよく混ぜたのち、鍋に戻して弱火にかけながらとろみがつくまで温める。
2 1にクーベルチュールを加えてよく混ぜ、溶かす。ボウルの底を氷水に当てて冷まし、オーキッドシロップと生クリームを混ぜ、最後に色粉を混ぜる。

りんごのピュレ

→ p.98、p.99

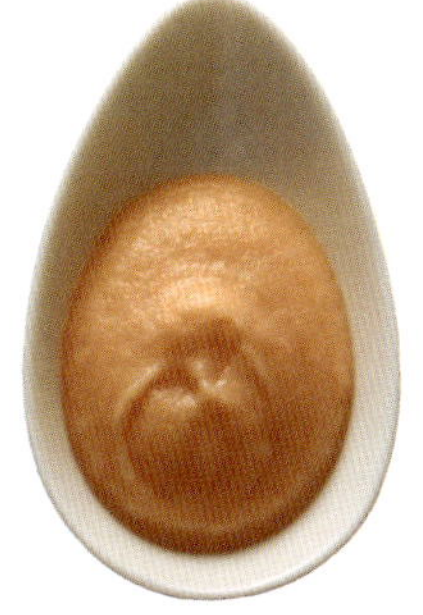

材料

りんご
（皮つきの薄切り）…… 2個分
バター …… 20g
レモン汁 …… 30g
グラニュー糖 …… 適量

1 りんごをバターで炒め、火が通ってきたらレモン汁を加え、柔らかくなるまで煮る。
2 1をミキサーにかけ、味をみながらグラニュー糖を加える。

ココナッツソース

→ p.129

材料

ココナッツのピュレ …… 100g
牛乳 …… 100g
生クリーム …… 少量
シロップ …… 適量
ココナッツオイル …… 少量
ココナッツリキュール …… 少量
ジェルエスペッサ …… 少量

1 すべての材料を混ぜ、ハンドブレンダーで撹拌する。

りんごの クリームソース

→ p.137

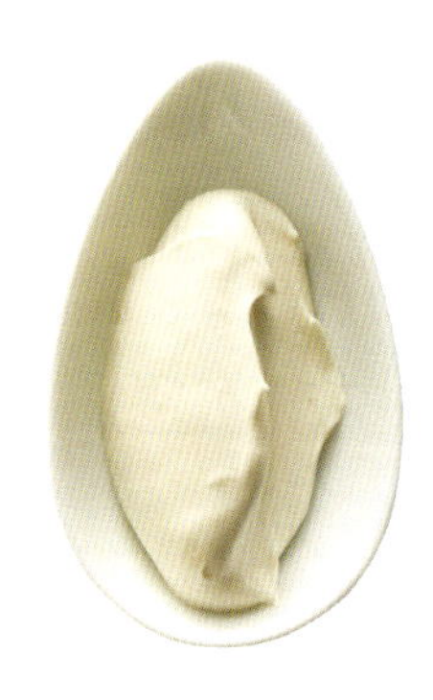

材料

りんごのゼリー液（p.137参照）…… 50㎖
生クリーム …… 60g

1. ボウルに材料を合わせ、底を氷水に当てながら混ぜる。

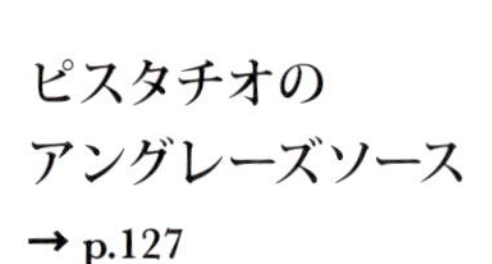

ピスタチオの アングレーズソース

→ p.127

材料

牛乳 …… 120g
A { ピスタチオペースト …… 60g
　卵黄 …… 80g
　グラニュー糖 …… 80g
　バニラペースト …… 少量
生クリーム …… 200g

1. 鍋に牛乳を入れて火にかけ、沸騰直前まで温める。
2. ボウルにAを入れ、白っぽくなるまで混ぜる。1を加えてよく混ぜ、鍋に戻し、弱火で絶えず混ぜながら80℃になるまで加熱し、とろみをつける。底を氷水に当てたボウルに漉し入れ、冷やす。生クリームを加えて混ぜる。

マスカルポーネと バニラのソース

→ p.133

材料

マスカルポーネ …… 120g
グラニュー糖 …… 30g
生クリーム …… 50g
バニラビーンズ（種をしごく）…… 1/4本分

1. マスカルポーネとグラニュー糖をよく混ぜ、残りの材料を加えて混ぜる。

フランボワーズの アングレーズソース

→ p.131

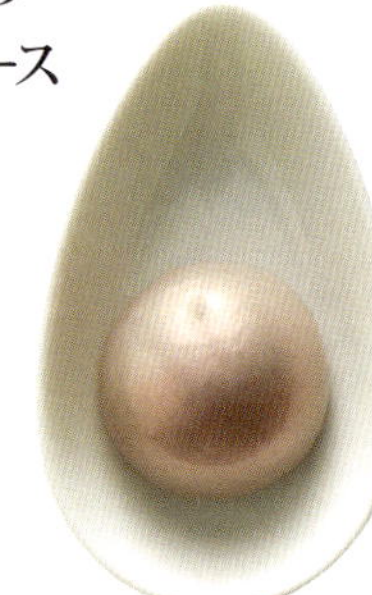

材料

牛乳 …… 150㎖
A { 卵黄 …… 40g
　グラニュー糖 …… 90g
　フランボワーズピュレ …… 100g
生クリーム …… 20g
B { ベジタブルゼラチン（粉寒天系）…… 15g
　水 …… 250㎖
C { 色粉（ローズ）…… 適量
　グラニュー糖 …… 80g

1. 鍋に牛乳を入れて火にかけ、沸騰直前まで温める。
2. ボウルにAを入れ、白っぽくなるまで混ぜる。1を加えてよく混ぜ、鍋に戻し、弱火で絶えず混ぜながら80℃になるまで加熱し、とろみをつける。底を氷水に当てたボウルに漉し入れ、冷やす。生クリームを加えて混ぜる。
3. 直径3cmほどの半球のシリコン型に2を入れ、冷凍する。
4. 鍋にBを入れて火にかけ、沸騰したらCを加えてよく混ぜ、60℃くらいに冷ます。
5. 3を型から出して針を刺し、4に3回ほどくぐらせる。

テリーヌ作り シェフのヒント　〜凝固剤〜

デザート・テリーヌなどで、通常のゼラチンでは固まりにくいフルーツを使いたいとき、ユニークな食感を求めるとき、凝固剤を使い分けることでテリーヌ作りの世界が広がります。

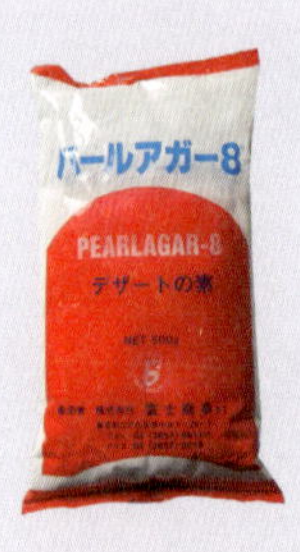

パールアガー8
（p.135/柑橘とカンパリのパルフェ、テリーヌ仕立てP129/パイナップルとココナッツのテリーヌ）
海藻から抽出精製。透明度、光沢に優れ、弾力ある食感を楽しめます。弾力性が出るので、シート状のゼリーを作りやすいという利点があります。

アガーアガー
（p.146/ブルーベリーのパールゼリー）
海藻が主成分。同タイプのパールアガー8と同様、ゼラチンよりも温度が高めでも短時間で固まります。パールアガー8より凝固力が強いのが特徴です。

粉寒天「ジェラーレ」
（p.133/メロン、キウイ、マスカットのテリーヌ）
海藻を原料としているので、たんぱく質分解酵素をもつキウイやいちじく、パイナップルなどに使えます。沸騰するまで加熱して用います。

ベジタブルゼラチン・粉寒天系
（p.106/フランボワーズのアングレーズソース）
50〜60℃で固まり始めます。また、固まるスピードが速いので凍らせたソースを素早く包み込むことができます。

Chapitre

3

リエットとパテ ～フランス常備菜風のテリーヌの仲間達～

Rillettes et pâtés

素材の旨味が最大限に引き出され、なおかつ凝縮されたリエットやパテは、素晴らしい保存食。先人の知恵に敬服せずにはいられない、フランス伝統料理のひとつです。テリーヌ同様、シャルキュトリーでもお馴染みのリエットやパテ。手作りの美味しさはひとしおです。シェフ自慢のレシピをどうぞお試しください。

ずわい蟹のブランダード
Brandade de crabe des neiges
鱈のブランダード
Brandade de morue
鶏白レバーペースト
Pâté de foie de volaille

魚介のリエット
Rillettes de fruits de mer
サーモンのリエット
Rillettes de saumon
うさぎのリエット
Rillettes de lapin
豚肉のリエット
Rillettes de porc

鱈のブランダード

ブランダードは「かき混ぜたもの」という意味をもつ南仏の伝統料理。本来は干鱈を使いますが、一晩塩漬けにした鱈で応用します。牛乳とローリエを加えてゆでるのは臭みを消すため。炒めて仕上げるので、ゆで加減は火が通る程度で構いません。ブランダードの美味しさの決め手は粘り。しっかりと練り上げて粘りを出します。

材料（作りやすい分量）

鱈 …… 400g
A { 塩 …… 8g
　 グラニュー糖 …… 少量
じゃがいも（メークイン）…… 400g
B { 水、牛乳 …… 各適量
　 ローリエ …… 適量
オリーブ油 …… 大さじ4
にんにく（みじん切り）…… 8g
生クリーム、牛乳 …… 各100g
塩 …… 3g
こしょう …… 適量
E.V.オリーブ油 …… 少量

＊盛りつけ
黒オリーブ、パセリ（みじん切り）、
E.V.オリーブ油 …… 各適量

準備

鱈はAをふり、冷蔵庫に一晩おいてマリネする。

作り方

1. じゃがいもは塩ゆでし、裏漉しする。
2. 鍋にB、鱈を入れて強火にかけ（**a**）、鱈に火が通るまでゆでる。
3. 大きめの鍋にオリーブ油、にんにくを入れて弱火にかけ、炒める。にんにくが色づいてきたら水気をきった鱈を加え、ほぐしながら炒める（**b**）。ほぐし加減は細かくても粗くてもよい。
4. じゃがいもを加え、練るように混ぜる。生クリーム、牛乳を加え、鍋底をこそげるようにし、焦げつかないように注意しながら絶えず混ぜ続ける。しっかりと練るように混ぜ、粘りを出す（**c**）。塩、こしょうで味を調え、仕上げに香りづけのE.V.オリーブ油を加え、混ぜる。

a

b

c

ずわい蟹のブランダード

作り方は鱈のブランダードと同じ。鱈に蟹を加えることで甘味が加わる一方、ピマン・デスペレットのような辛味調味料で味を引き締めるという楽しみ方もできる自在なメニューです。蟹はたらばや毛蟹でも代用可。コロッケや白身魚に塗ってグリルで焼くなど、応用力が高いのも魅力です。冷蔵庫で1週間ほど保存が可能。保存の際は清潔な容器に入れるようにしてください。

材料（作りやすい分量）

ずわい蟹（ほぐし身）…… 250g
じゃがいも（メークイン）…… 400g
鱈のブランダード（p.110参照）…… 150g
オリーブ油 …… 大さじ4
にんにく（みじん切り）…… 8g
生クリーム …… 100g
牛乳 …… 100g
塩 …… 3g
こしょう …… 適量
E.V.オリーブ油 …… 少量

＊盛りつけ
シブレット、ピマン・デスペレット
…… 各適量

作り方

1. じゃがいもは塩ゆでし、裏漉しする。
2. 鍋にオリーブ油、にんにくを入れて弱火にかけ、炒める。にんにくが色づいてきたら、蟹を加え、炒める。
3. じゃがいもを加え、練るように混ぜる。鱈のブランダード、生クリーム、牛乳を加え、焦げつかないよう、鍋底をこそげるように絶えず混ぜ続ける。しっかりと練るように混ぜ、粘りを出す。塩、こしょうで味を調え、仕上げに香りづけのE.V.オリーブ油を加え、混ぜる。

Rillettes de saumon

サーモンのリエット

マリネしたサーモンで手作りしたリエットに、角切りのスモークサーモンを加え、ライムとハーブで香り高く仕上げました。水きりヨーグルトを使っているので口当たりが軽く爽やか。食べ方のアレンジはタルティーヌをご紹介します。薄く切ってトーストしたバゲットに、ライムの実と皮のせん切りとともに盛りつけて、ピンクペッパーを散らしました。

材料（作りやすい分量）

サーモン …… 380g

A
- 塩 …… 8g
- こしょう …… 適量
- グラニュー糖 …… 少量

ローリエ …… 1枚

マヨネーズ（右記参照）…… 75g

無糖ヨーグルト …… （450gを水きりして）150g

バター（ポマード状）…… 50g

B
- スモークサーモン（5mm角）…… 120g
- エシャロット（みじん切り）…… 40g
- ライム果汁 …… 1/2個分
- ライムの皮（すりおろす）…… 1/2個分
- エストラゴン、セルフィーユ、イタリアンパセリ、ディル、シブレット（各みじん切り）…… 各同量を合わせて適量
- グリーンペッパーの水煮（粗みじん切り）…… 8g
- 塩 …… 少量

準備

サーモンはAをふり、冷蔵庫に一晩おいてマリネする。ヨーグルトはペーパータオルを敷いたざるにのせ、水きりをする。

作り方

1 鍋にたっぷりの水、ローリエ、サーモンマリネを入れて強火にかけ、火が通るまでゆでる。ざるに上げて水気をきり、ペーパータオルで挟んで水気を取る（**a**）。

2 ボウルに**1**を入れ、泡立て器でつぶすようにほぐし（**b**）、粗熱をとる。

3 マヨネーズ、ヨーグルトを加え、混ぜる。バターを加え、さらによく混ぜる。このときのバターはつなぎの役割をするので冷たすぎないこと。混ざってからは冷やしてもよい。

4 Bを加え、混ぜる（**c**）。

マヨネーズ

A
- 卵黄 …… 2個分
- ディジョンマスタード …… 10g
- 白ワインビネガー …… 少量
- 塩 …… 2g

サラダ油 …… 300㎖

1 ボウルにAを入れ、泡立て器でよく混ぜる。サラダ油を少しずつ垂らしながら加え、手を休めずしっかり混ぜ合わせる。角が立つ硬さができ上がりの目安（**d**）。

a
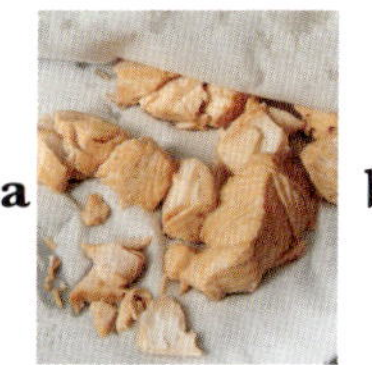
b

c

d
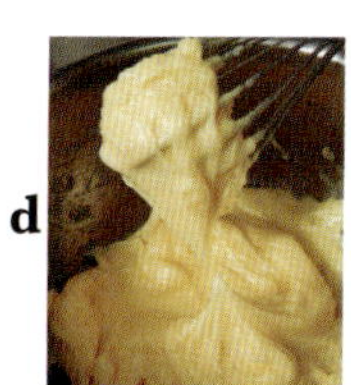

魚介のリエット

4種の魚介を炒め上げてバターで乳化させるリエット。魚介はマリネすると余計な水分が抜けて味が濃く、美味しくなります。ほぐすのは必ず火が入ってから。生のうちからつぶすとでき上がりの食感がよくありません。もし乳化が失敗してしまったら、ハンドブレンダーなどを使ってよく混ぜるとある程度元に戻ります。でき上がりはゆるめですが、冷えると固まるので心配無用です。

材料（作りやすい分量）

A
- サーモン（身のぶつ切り）…… 150g
- 真鯛（身のぶつ切り）…… 150g
- 帆立貝柱 …… 120g
- ずわい蟹（ほぐし身）…… 80g

エシャロット（みじん切り）…… 42g
バター …… 350g

B
- 白ワイン …… 50g
- 生クリーム …… 180g

C
- ペルノー酒 …… 6g
- レモン果汁 …… 3g

塩 …… 適量
こしょう …… 適量

＊盛りつけ
ディル、パイ（市販の冷凍パイ生地の表面に卵黄を塗り、1cm弱幅の棒状に切ってねじり、180℃のオーブンで15分ほど焼く）…… 各適量

準備

Aは塩、こしょうをふり、冷蔵庫に一晩おいてマリネする。バターは小さく切って冷やしておく。

作り方

1. 鍋にバター大さじ1程度を熱し、エシャロットを炒める。透明感が出てしんなりしてきたら、Aを加えて炒める。火が通ってきたらつぶしてほぐす（**a**）。
2. Bを加え、しっかり混ぜながら軽く煮詰める。
3. 残りのバターを少しずつ加えて手早く混ぜ、乳化させる（**b**）。Cを加えて混ぜ、塩、こしょうで味を調える。

Rillettes de fruits de mer

a

b

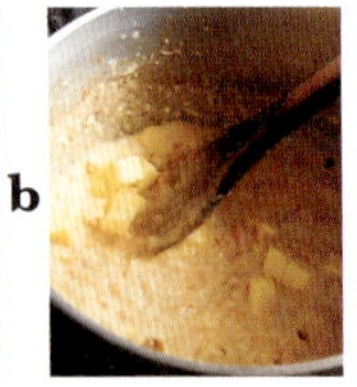

豚肉のリエット

肉は繊維が残っているほうが食感も楽しめて美味しいですから、ほぐしすぎないようにしてください。煮汁を加えてからはひたすらねっとりするまで混ぜ続けます。氷水を当てている底の部分から固まっていくので、底から返すようにします。

材料（作りやすい分量）

豚バラ肉（5cm角）…… 300g
豚肩ロース肉（5cm角）…… 300g
豚の背脂（1cm角）…… 30g

A
- 塩 …… 25g
- こしょう …… 2.5g
- グラニュー糖 …… 1g
- タイム …… 2枚
- ローリエ …… 1枚
- 白ワイン …… 60g

B
- 玉ねぎ（半分に切る）…… 80g（約1/3個）
- にんじん（縦半分に切る）…… 60g（約1/3本分）
- にんにく（半分に切る）…… 6g（1かけ分）
- しょうが（薄切り）…… 10g
- ラード …… 200g

＊盛りつけ
バゲット（薄切り）…… 適量

準備

バットにバラ肉、肩ロースを入れ、Aを加えてもみ込み（**a**）、冷蔵庫に一晩おいてマリネする。

作り方

1. 鍋に背脂を入れて強火にかけ、溶け始めたら弱火にする。薄く色づいてきたらバラ肉と肩ロースをマリネ液ごと入れ、Bを加え、ひと混ぜしてふたをする（**b**）。沸騰したら弱火で2〜3時間煮る。
2. ざるに上げて漉し（**c**）、にんじん、タイム、ローリエを取り除く。煮汁を鍋に戻し、4/5量くらいになるまで中火で煮詰める。
3. 玉ねぎ、にんにく、しょうがはフードプロセッサーなどでペースト状にする。
4. ボウルに肉を入れ、底を氷水に当てながらほぐす。**3**を加え、ほぐしながら混ぜる（**d**）。
5. 煮汁を少しずつ加え（**e**）、絶えず混ぜ続けながら固めていく。ねっとりとひとかたまりになったらでき上がり（**f**）。

Pâté de foie de volaille

鶏白レバーペースト

レバーはしっかり血抜きを。舌触りをなめらかにするために、焼く前に漉して筋を除き、しばらく常温において空気を抜きます。生はもってのほかですが、焼きすぎもボソボソでよろしくありません。やさしく火の入る湯せんでしっとり焼き上げます。

材料（作りやすい分量）

鶏白レバー …… 250g

A 牛乳、水、氷 …… 各適量
（牛乳：水＝1：1と氷でレバーが隠れる量）

B 玉ねぎ（薄切り）…… 22g
にんにく（薄切り）…… 1.3g
タイム …… 2枝
パセリの茎 …… 1本
ローリエ …… 1/2枚
ブランデー …… 10g
ポルト酒 …… 10g
カトルエピス …… 少量
グラニュー糖 …… 少量
塩 …… 4g
こしょう …… 少量

豚の背脂 …… 35g

C 生クリーム …… 80g
バター …… 20g

溶き卵 …… 25g

＊盛りつけ
右／くるみ …… 適量
p.116／最中の皮に鶏白レバーペーストととうもろこしとそのムース、コーンスプラウトを盛り、上に黒こしょうと炒めたベーコンを飾る。

準備

レバーはAに浸けて血抜きする。何度かAを替え、繰り返す。水気をきり、Bに浸け、冷蔵庫に一晩おいてマリネする。

作り方

1 背脂は細かく切り、Cとともに鍋に入れる（**a**）。強火にかけて沸騰したら火を止め、粗熱をとる。

2 ミキサーにレバーマリネを野菜ごと入れ（ハーブは除く）、**1**、溶き卵を加え、攪拌する（**b**）。シノワまたはざるで漉し（**c**）、しばらく常温におく。

3 耐熱容器に**2**を入れ、アルミ箔でふたをする（**d**）。バットに並べ、器の1/3の高さまで湯を注ぎ、110℃のオーブンで20分湯せんで焼く。途中、湯がなくなったら足す。竹串を刺して何もついてこなければ焼き上がり（**e**）。

a b

c

d

e

うさぎのリエット

繊細なうさぎ肉の持ち味を生かすため、ここではラードではなく、がちょうの脂を量も控えて使っています。豚ロース肉は味に奥行きを出すための補助役ですが、その割合が成功のカギ。グリーンペッパーは大切なアクセント、愉快なリズムを作ります。

材料（作りやすい分量）

うさぎ肉（ぶつ切り）
…… 1.5kg（骨つき1羽分）
豚ロース肉（ぶつ切り）…… 150g
A 白ワイン …… 60g
　塩 …… 27g
　こしょう …… 2～3g
　グラニュー糖 …… 1g
B 豚の背脂（5mm角）…… 50g
　ベーコン（5mm角）…… 50g
C がちょうの脂 …… 200g
　玉ねぎ（4等分）…… 1個分
　にんじん（縦に2～4等分に切る）
　…… 1/2本分
　にんにく（半分に切る）…… 2かけ分
　しょうが（薄切り）…… 20g
　水 …… 160g
　ブーケガルニ（p.78参照）…… 1本
グリーンペッパー（粗みじん切り）
…… 30g

＊盛りつけ
コルニション、カクテルオニオン、ブーケガルニ …… 各適量

準備

うさぎ肉、豚ロース肉はAをもみ込み（**a**）、冷蔵庫に一晩おいてマリネする。

作り方

1. 鍋にBを入れ、弱火で炒める。脂が出てきたら、うさぎ肉と豚ロース肉をマリネ液ごと入れ、Cを加え（**b**）、ふたをして強火にかける。沸騰したら弱火にし、3～4時間、肉がほろりと骨からはがれるまで煮る。
2. にんじん、ブーケガルニを取り除く。
3. うさぎ肉だけいったん取り出し、粗熱をとる。骨と小骨を取り（**c**）、小さめにほぐす。
4. **3**に鍋の中のものを漉しながら加える（**d**）。漉せなかったものはフードプロセッサーにかけて加える（**e**）。
5. 底を氷水に当てながら混ぜる（**f**）。絶えず混ぜ続けながら冷やし固めていく。ねっとりとひとかたまりになったら、グリーンペッパーを加えて混ぜる。

Rillettes de lapin

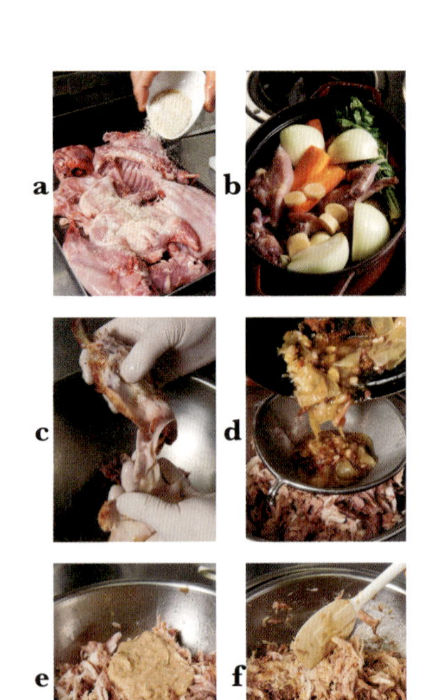

Chapitre

4

デザート・テリーヌ

Terrines sucrées

豊かなコースを締めくくる食後の余韻に、フロマージュ・テリーヌを。お茶の時間に、デザート・テリーヌの一皿はいかがでしょう。フラットなビスキュイや自在に形作れるフィリングなど豊富なマテリアルで、より緻密で優美な切り口をデザインできるのはテリーヌならでは。季節を伝えるフルーツ使いなど、贅沢なひとときを演出してくれます。

Terrine aux cinq fromages

5種のフロマージュのテリーヌ

チーズを食後に少しずつ数種類楽しむ、そんなスタイルをひと切れのテリーヌで表現できたら……という発想から生まれたレシピ。チーズはフードプロセッサーでなめらかにできますが、種類によって成形しにくいタイプがあります。ブリー・ド・モーやエポワスは少量のゼラチンを加えると扱いやすくなります。ハードタイプのチーズのミモレットで仕切りながら4種のチーズをナッツやドライフルーツをランダムに挟んで型に詰めていきます。断面がどうなるかも楽しみな、ワインがすすむ逸品です。

材料（15cmテリーヌ型1本分）

【チーズ5種】
白カビ「ブリー・ド・モー」…… 280g
ウォッシュ「エポワス」…… 100g
青カビ「フルム・ダンベール」…… 115g
シェーブル「サントモール・ド・トゥレーヌ」……（灰を取って）110g
ハード「ミモレット」…… 65g
ゼラチン …… 4.3g
※「　」はチーズ名

A｛セルフィーユ（粗みじん切り）…… 3g
　シブレット（粗みじん切り）…… 3g
　ディル（粗みじん切り）…… 3g
　エストラゴン（粗みじん切り）…… 3g
くるみ（ローストする）…… 35g
松の実（ローストする）…… 30g
サルタナレーズン …… 20g
セミドライアプリコット …… 35g
セミドライプラム …… 75g

作り方

1 ゼラチンは2.8g（A）と1.5g（B）に分け、それぞれ氷水でもどす。ふやかしたゼラチンは別々の耐熱容器に入れ、それぞれ電子レンジで10秒加熱し、溶かす。

2 フードプロセッサーにブリー・ド・モーを入れて攪拌し、なめらかにする。ゼラチンAを加え、さらに攪拌し、ボウルに移す。エポワスも同様にゼラチンBを加えて混ぜる。

3 フルム・ダンベール、サントモールはゼラチンは加えず、それぞれフードプロセッサーで攪拌し、なめらかにする。サントモールはAを加えて混ぜる（**a**）。

4 ミモレットは薄切りにする。

5 型にラップを敷く（p.20参照）。片側に松の実の半量を入れる（**b**）。松の実側が下がるように型を傾け、ブリー・ド・モーの半量を入れて平らにする。ミモレットを空気が入らないようにのせ（**c**）、レーズンを縦に並べる。フルム・ダンベールをのせ（**d**）、片側に平らにのばす。型の傾きを戻し、エポワス、サントモールを順に入れ、そのつどミモレットとくるみやセミドライフルーツをのせ、リズミカルに詰める（**e**）。最後に残りのブリー・ド・モーを入れて松の実をのせる（**f**）。

6 ラップをかけ（p.21参照）、冷蔵庫で冷やし固める。

a

b
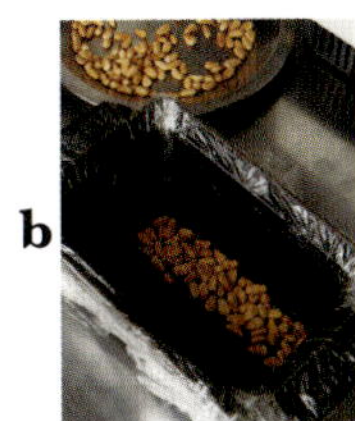
c

d

e

f

Terrine de parfait glacé au yaourt et aux myrtilles

ブルーベリーとオーキッドの
ヨーグルトパルフェ、テリーヌ仕立て

さっぱりと食べてもらうアイスクリームテリーヌ。ヨーグルトとブルーベリーは鉄板の組み合わせですが、そこにオーキッド（蘭）のシロップを加えて華やかな香りを添えました。白いヨーグルト生地とブルーベリーを使った赤紫色の生地を作り、ふたつを軽く混ぜてマーブル模様に。1枚の中で味の変化が生まれ、見た目も華やかです。ベース生地に使うメレンゲは、一般的なメレンゲですと冷凍時に離水してしまうので、熱いシロップを加えたイタリアンメレンゲが必須。きれいに固まります。

材料（プティ・テリーヌ型1本分）

【ヨーグルト生地】
無糖ヨーグルト …… 340g
レモンの皮（すりおろし）…… 少量
オーキッドシロップ …… 17g
ゼラチン …… 3g

【ホイップクリーム】
生クリーム …… 76g
グラニュー糖 …… 10g

【イタリアンメレンゲ】
（以下の配合で1/3量を使う）
卵白 …… 100g
グラニュー糖 …… 200g
水 …… 50g

【ブルーベリー生地】
ブルーベリー（冷凍のホール）…… 70g
ブルーベリーシロップ …… 7g
レモン汁 …… 少量

＊盛りつけ
ブルーベリー、ミントの葉、食用花（トレニア、ペンタス）、ショコラ・ブランとオーキッドのアングレーズソース（p.105参照）、レモンカード（レモン汁、レモン皮、卵、グラニュー糖、バター、コーンスターチ）、焼きメレンゲ、ブルーベリーソース（ブルーベリーのピュレ、シロップ、レモン汁、水）、ブルーベリーのパールゼリー（p.146参照）…… 各適量

準備

（前日）ボウルにざるとペーパータオルを重ねてヨーグルトを入れ、一晩冷蔵庫で水切りして185gにする（**a**）。水切りしすぎた場合は、水分（ホエー）を戻して重量を合わせる。

オーキッドシロップ
ブルーベリーシロップ
フランスのメゾン・ルータン社製シロップシリーズ（サトウキビベースのノンコレステロールシロップ）。オーキッドは蘭で、爽やかでエレガントなフローラル香。ブルーベリーは風味に深みがあり、フルーティ感が強い。

a

b

c

d

e

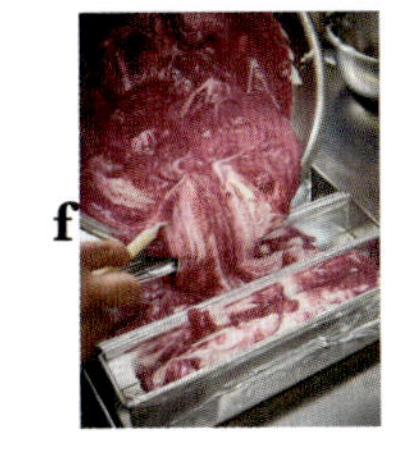
f

作り方

1 【ホイップクリーム】生クリームとグラニュー糖をボウルに合わせ、五分立てにする。

2 【イタリアンメレンゲ】グラニュー糖と水を小鍋に入れ、強火で117～120℃に熱してシロップを作る。ボウルに卵白を入れ、ハンドミキサーの高速で七分立てにし、シロップを少量ずつ垂らしながら泡立て続ける。シロップを入れ終えたら、低速にして粗熱がとれるまで泡立てる。シロップが冷えてくると艶と粘りのあるメレンゲになる（**b**）。

3 【ヨーグルト生地】水切りしたヨーグルト、レモンの皮、オーキッドシロップをボウルに合わせて泡立て器でよく混ぜる。

4 ゼラチンを電子レンジに20秒かけて溶かし、**3**に混ぜる（**c**）。ホイップクリームを加えて軽く混ぜ、イタリアンメレンゲの1/3量を加えてゆく。メレンゲは3回に分けて加え、そのつどさっくりと混ぜる（**d**）。

5 【ブルーベリー生地】材料をすべてミキサーにかけ、ボウルに移して**4**の生地を40g加えて均一に混ぜる。**4**に戻し入れ（**e**）、2回ほど軽く混ぜてマーブル状にする。

6 【組み立て】型にアルミ箔を敷く（p.20参照）。**5**の生地を全量流し入れ（**f**）、台の少し上から型をトントンと数回落として空気を抜き、へらで表面を平らにする。そのまま冷凍庫で半日冷やし固める。

Terrine de chocolat blanc aux griottes

グリオット、ショコラ・ブランのテリーヌ

「リキュールの女王」と称される銘酒シャルトリューズ（薬草系リキュール）をムースに効かせました。グリオットのキルシュや赤ワインは言わずもがな、この甘美な香味を味わい楽しめるのは大人の特権です。コンポートを作るときはしっかりアルコール分を飛ばすこと。そうしないと強すぎて食べられません。また、その際は炎が大きく上がるので注意してください。ショコラ・ブラン（ホワイトチョコレート）にシャルトリューズを組み合わせると特有の個性が生まれる、そこが魅力です。

材料（15cmテリーヌ型1本分）

【グリオットコンポート】
グリオットキルシュ漬け …… 1kg
（グリオット600g、キルシュ400g）
赤ワイン …… 230g
A ┃ グラニュー糖 …… 200g
　┃ レモン（薄切り）…… 4枚（1/2個分）
　┃ バニラビーンズ
　┃ （種をしごき出してさやごと）…… 1本
　┃ シナモンスティック …… 1/2本

【ビスキュイショコラ】
（22×31cm天板1枚分）
B ┃ 薄力粉 …… 35g
　┃ カカオプードル …… 14g
C ┃ アーモンドプードル …… 45g
　┃ 粉糖 …… 45g
D ┃ 卵黄 …… 45g
　┃ 卵白 …… 20g
卵白 …… 90g
グラニュー糖 …… 30g
溶かしバター …… 17g

【グリオットゼリー】
E ┃ コンポートの煮汁 …… 150g
　┃ 水 …… 150g
ゼラチン …… 13g

【ショコラ・ブランムース】
F ┃ 水 …… 40g
　┃ シャルトリューズ …… 20g
ゼラチン …… 11g
G ┃ 水 …… 38g
　┃ グラニュー糖 …… 72g
H ┃ 全卵 …… 100g
　┃ 卵黄 …… 38g
生クリーム …… 165g
クーベルチュール（ブラン）…… 160g

【シロップ】
コンポートの煮汁 …… 50g
水 …… 50g

＊盛りつけ
ダークチェリー …… 適量

作り方

1 【グリオットコンポート】グリオットキルシュ漬けを漉す。鍋にキルシュと赤ワインを入れて火にかけ、アルコール分を飛ばす。Aを加え、沸騰したらグリオットを加え、アルコール分が飛ぶまで煮る（**a**）。煮汁に浸けたまま冷蔵庫に一晩おく。

2 【ビスキュイショコラ】ボウルにBを合わせてふるう。

3 別の大きめのボウルにCを合わせてふるう。Dを合わせ、加える。

4 別のボウルに卵白を入れ、ハンドミキサーで泡立てる。しっかり立ったらグラニュー糖を3回に分けて加え、角が立って持ち上げても落ちなくなるまで混ぜる。

5 **3**に**4**のメレンゲの1/3量を加え、よく混ぜる。**2**を加えて混ぜ、残りのメレンゲを2回に分けて加え、さっくり混ぜる。溶かしバターを加え、ゴムべらで底から返すように混ぜる。

6 天板にバターを塗ってオーブンペーパーを敷き、**5**を入れて平らにならす。天板を持ち上げて落とし、余分な空気を抜く。160℃のオーブンで13分焼く。

7 【グリオットゼリー】鍋にEを入れて火にかけ、沸騰したらゼラチンを加え、溶かす。

8 【ショコラ・ブランムース】耐熱容器にFを入れて電子レンジで温め、ゼラチンを加えて溶かす。

9 鍋にGを入れて火にかけ、120℃まで熱する。

10 ボウルにHを入れ、ハンドミキサーで混ぜる。混ぜながら**9**を少しずつ加え、もったりして冷めるまで混ぜる。

11 生クリームは六〜七分立てにする。

12 **10**に**8**のゼリー液を加えて混ぜる。

13 ボウルにショコラ・ブランを入れ、**12**を少し加えて混ぜ、**12**のボウルに戻す。**11**の生クリームを加えて混ぜる。

14 【シロップ】材料をすべて混ぜる。

15 【組み立て】ビスキュイは上下に2段入れるので、型のサイズに合わせて切る。この型の場合は下：12.4×7.3cm、上：14×8.7cm。型にラップを敷き（p.20参照）、ビスキュイを入れ、シロップを塗る。ショコラ・ブランムースを型の高さの2/5まで入れ（**b**）、冷蔵庫で5分ほど冷やし、表面を固める。固めている間、残りのショコラ・ブランのムースが固まらないように温かいところにおく。グリオットゼリーを入れ、コンポートのグリオット320gを隙間なく敷き詰める（**c**）。ゼリーをグリオットがかぶるくらい入れ、冷蔵庫で10分ほど冷やし固める。ショコラ・ブランムースをビスキュイの厚み分を残して入れる（**d**）。ビスキュイを入れてシロップを塗る。ラップをかけ（p.21参照）、冷蔵庫で冷やし固める。

a

b
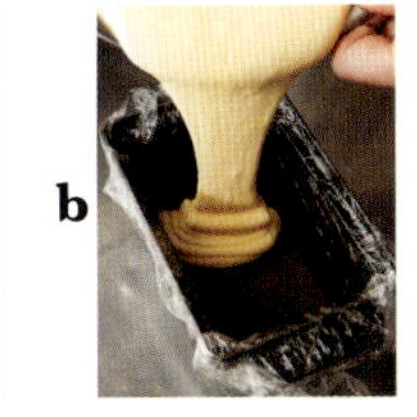

c
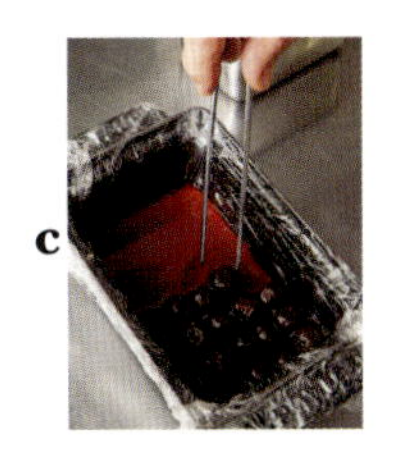

d

Terrine de fraises et de pistaches au chocolat

いちごのショコラとピスタチオのテリーヌ

目指したのはいちごとショコラのスタンダードな美味、そこにピスタチオの個性。ガナッシュが水っぽくなるのを避け、ドライいちごで風味を強調。ゼリーを加えることでも味の補強ができ、凝縮感が高まります。ビスキュイにピスタチオを散らすのは焼き色を残すため。表面に凹凸がないと皮がラップについてしまい、型から出したときに美味しそうな焼き色がはがれて台無しです。上下のビスキュイはピスタチオ面を外側に配置してください。ピスタチオは食感にアクセントをつける役割も果たしています。

材料（15cmテリーヌ型1本分）

【ピスタチオのビスキュイ】
（22×31cm天板2枚分）

A
- アーモンドプードル …… 28g
- 粉糖 …… 28g

B
- 卵白 …… 6g
- ピスタチオペースト …… 26g

C
- 全卵 …… 30g
- 卵黄 …… 27g
- 卵白 …… 17g

卵白 …… 53g
グラニュー糖 …… 33g
コーンスターチ …… 63g
溶かしバター …… 47g
ピスタチオ（粗みじん切り）…… 120g

【ピスタチオゼリー】

D
- ピスタチオペースト …… 40g
- 水 …… 80g
- グラニュー糖 …… 25g

ゼラチン …… 6g

【いちごゼリー】

E
- いちごピュレ …… 50g
- 水 …… 30g
- グラニュー糖 …… 12g
- クレーム・ド・フレーズ（リキュール）…… 2g

ゼラチン …… 4.5g

【いちごガナッシュ】

F
- 生クリーム …… 53g
- 牛乳 …… 18g

クーベルチュール（ノワール）…… 210g
バター（常温にもどす）…… 45g
いちごピュレ …… 100g

G
- ドライいちご（みじん切り）…… 13g
- クレーム・ド・フレーズ …… 8g

【いちごシロップ】
シロップ（水とグラニュー糖を4：5）…… 30g
水 …… 30g　クレーム・ド・フレーズ …… 5g

＊盛りつけ
ピスタチオのアングレーズソース（p.106参照）、いちご、ピスタチオ、タピオカ、飴、エディブルフラワー …… 各適量

作り方

1【ピスタチオのビスキュイ】ボウルにAを合わせてふるう。Bを加えて、だまがなくなるまで練り込むように混ぜる。Cを混ぜ合わせ、3回に分けて加え、しっかり混ぜる。

2 別のボウルに卵白を入れ、ハンドミキサーで泡立てる。しっかり立ったらグラニュー糖を3回に分けて加え、角が立って持ち上げても落ちなくなるまで混ぜる。

3 **1**に**2**のメレンゲの1/3量を加えて混ぜる。コーンスターチを加えて混ぜる。溶かしバターを加え、ゴムべらで底から返すようによく混ぜる。残りのメレンゲを2回に分けて加え、泡をつぶさないようにさっくり混ぜる。

4 天板にバターを塗ってオーブンペーパーを敷き、**3**を入れて平らにならす。天板を持ち上げて落とし、余分な空気を抜く。ピスタチオを全体に散らす。160℃のオーブンで13分焼く（**a**）。

5【ピスタチオゼリー】鍋にDを入れて混ぜながら火にかけ、沸騰したらゼラチンを加えて溶かし、粗熱をとる。

6【いちごゼリー】鍋にEを入れて混ぜながら火にかけ、沸騰したらゼラチンを加えて溶かし、粗熱をとる。

7【いちごガナッシュ】鍋にFを入れて火にかけ、沸騰させる。

8 ボウルにチョコレートを入れ、**7**を加え、ゆっくりと混ぜて溶かす。温かいうちにバターを加えて混ぜ、溶かす。溶けきらなければ湯せんで温める。いちごピュレを加えて混ぜ、Gを加えて混ぜる。

9【いちごシロップ】材料をすべて混ぜる。

10【組み立て】ピスタチオのビスキュイは上中下と3枚入れるので、型のサイズに合わせて切る。この型の場合は 下：12.4×7.3cm、中：13.2×8cm、上：14×8.7cm。型にガイドラインの印をつける（p.22参照）。ラップを敷き（p.20参照）、ビスキュイをピスタチオの面を下に入れ、いちごシロップを塗る（**b**）。ピスタチオゼリーの半量を入れ（**c**）、表面を平らにし、冷蔵庫で5～10分冷やし、表面を固める。いちごガナッシュの半量を入れ（**d**）、冷蔵庫で固める。いちごゼリーの半量を入れ、冷蔵庫で固める。これを繰り返し、最後はビスキュイをピスタチオの面を上に入れ、いちごシロップを塗る。ラップをかけ（p.21参照）、冷蔵庫で冷やし固める。

a

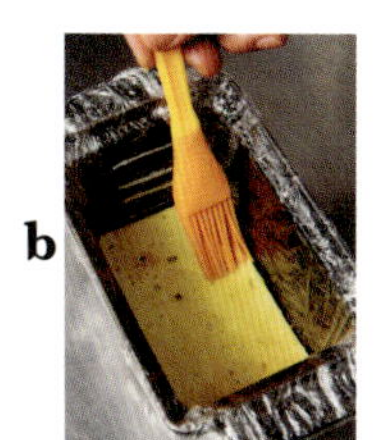
b

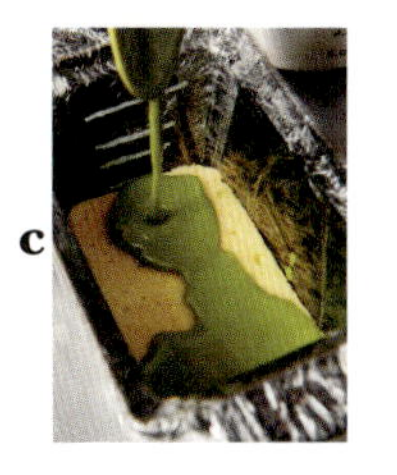
c

d

Terrine d'ananas et de coco au thé jasmin

パイナップルとココナッツのテリーヌ、ジャスミンのジュレ

パイナップルのジャム、ココナッツのムース、ジャスミンのジュレの3層重ねのテリーヌ。トロピカルな風味つながりで組み合わせました。いちばんコツが要るのがジャスミンのジュレ。紅茶系はゼラチンで固めると濁りやすいので、海藻系の凝固剤パールアガーを使って透明の美しいジュレを作ります。またパールアガーを入れたゼリー液はしっかり沸騰させ、あくを徹底して取ることも透明感に必須の工程。今回は金箔をちりばめて透明の中に輝く美しさを表現しました。

材料（プティ・テリーヌ型2本分）

【ジャスミンのジュレ】
ジャスミン茶 …… 460g
- ジャスミンの茶葉 …… 11g
- 水 …… 500g

グラニュー糖 …… 56g
パールアガー8（p.106参照）…… 24g
金箔（フレーク）…… 少量

【ココナッツのムース】
ココナッツ（ピュレ）…… 100g
牛乳 …… 50g
バニラビーンズ（切り目を入れて種をしごく）…… 1/2本分
ゼラチン …… 8g
生クリーム（乳脂肪分38%）…… 120g
イタリアンメレンゲ …… 65g
（以下の配合で作る）
- 卵白 …… 90g
- グラニュー糖 …… 180g
- 水 …… 45g

【パイナップルのコンフィチュール】
パイナップル（小角切り）…… 650g
ゼラチン …… 22g
A
- オレンジジュース …… 500g
- グラニュー糖 …… 40g
- バニラビーンズ（切り目を入れて種をしごく）…… 1/2本分
- レモン（輪切り）…… 1/2個分
- 八角 …… 2個
- シナモンスティック …… 1/2本

＊盛りつけ
マンゴーピュレとパッションフルーツのピュレ入りカスタードクリーム、ココナッツソース（p.105参照）、ココナッツオイルのパウダー（エクストラヴァージンのココナッツオイルに粉糖とマルトセック〈p.99参照〉を加えてパウダー化）、パイナップルのチップス、食用花（トレニア）…… 各適量

準備

型にアルミ箔を敷く（p.20参照）。

作り方

1 【ジャスミンのジュレ】分量の水を沸かし、ジャスミン茶葉を3分ほど蒸らす。鍋に漉し、ゴムべらで強く押し出してエキスを出しきる。グラニュー糖とパールアガー8を加え、泡立て器でしっかり混ぜて溶かす。強火にかけ、そのまま沸騰させ、あくをきれいに取り除く。ざるで漉してボウルに入れ、金箔を混ぜ（**a**）、底に氷水を当てて2分ほど冷やしてとろみが少しついてきたら氷をはずす。40℃くらいで固まり始めるので、冷やしすぎないようにする。

2 **1**を型に流し入れ（型1本に200g）、冷蔵庫で約30分、冷やし固める。

3 【ココナッツのムース】小鍋に牛乳とバニラビーンズを入れて沸騰直前まで沸かし、ゼラチンを入れて溶かす。ざるで漉してココナッツのピュレを入れたボウルに加え、泡立て器でよく混ぜる。底に氷水を当てて混ぜながら冷ます。

4 生クリームを六分立てにし、別のボウルでイタリアンメレンゲを作る（p.123参照）。**3**にホイップクリームを加えてよく混ぜ、イタリアンメレンゲ65gを加え（**b**）、さっと混ぜる。

5 ジュレが固まった**2**の型に**4**を流し入れ（型1本に175g）、冷蔵庫で20〜30分冷やし固める。

6 【パイナップルのコンフィチュール】鍋にAの材料を入れ、強火で沸騰させる。あくを除き、半量になるまで煮詰める。別鍋にパイナップルを入れ、煮詰めたジュースをざるで漉して加える（**c**）。煮詰めてパイナップルに火を通し、総量約850gにする。火にかけたままゼラチンを加えてゴムべらで混ぜて溶かし、あくを除く。ボウルに移し、氷水を当てて常温まで冷ます。

7 **6**をムースが固まった**5**の型に流し入れ（**d**）、冷蔵庫で冷やし固める。

a

b

c

d
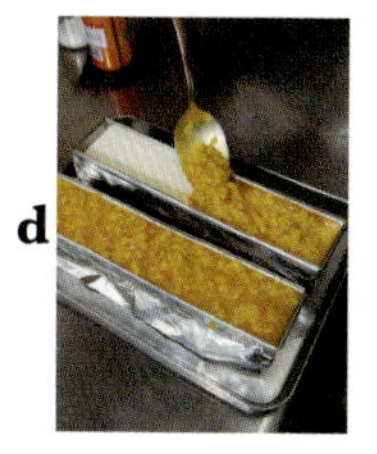

Terrine de pêches blanches aux framboises

白桃とフランボワーズのテリーヌ

桃が主役のテリーヌですから、食べごろのしっかり熟した桃を選んでください。デリケートな桃は傷みやすいのでやさしく扱いましょう。切り口の果肉が変色していては残念です。コンポートにするときはあえて皮をむかず、色と香りをシロップに移します。種を一緒に煮るのも同じ理由。桃は芳醇な香りが命。香りが飛んでしまうのでほとんど火は入れません。桃を煮たコンポートシロップはそのままゼリー液に。甘くジューシーな桃とともに、その美味しさをギュッとテリーヌに閉じ込めます。

材料（15cmテリーヌ型1本分）

【白桃コンポート】

白桃 …… 3 1/2個

A
- 水 …… 500g
- グラニュー糖 …… 300g
- キルシュ …… 25g
- 白ワイン …… 100g
- スペアミント …… 10g
- バニラビーンズ（種をしごき出してさやごと）…… 1/2本
- レモン（薄切り）…… 2枚
- ハイビスカスティーの茶葉 …… ひとつまみ

ピーチリキュール …… 少量

【ゼリー液】

B
- コンポートシロップ …… 170g
- フランボワーズピュレ …… 36g
- クレーム・ド・フランボワーズ（リキュール）…… 10g

ゼラチン …… 15g

フランボワーズ …… 65g

＊盛りつけ
フランボワーズのアングレーズソース（p.106参照）、レッドカラント …… 各適量

作り方

1 【白桃コンポート】鍋にAを入れて火にかけ、沸騰させる。

2 桃は半分に切って種を取り、皮をつけたままにする。種はとっておく。

3 **1**に桃を種とともに入れ（**a**）、ひと煮立ちしたら火からおろし、粗熱をとる。漉して桃とシロップに分ける。桃は皮をむき、さらに半分に切る。

4 【ゼリー液】鍋にBを入れて火にかけ、沸騰したらゼラチンを加え、溶かす。

5 バットに桃を入れ、ピーチリキュールをかける。フランボワーズを加え、**4**のゼリー液をかける（**b**）。

6 【組み立て】型にアルミ箔を敷く（p.20参照）。深めのバットに氷水を入れ、型を置く。桃は切り口を型の角に合わせるように、左右の場所をずらして入れ、隙間にフランボワーズを入れる（**c**）。ゼリー液は桃をずらしながら流し込み、隅々まで行き渡るようにする。これを繰り返す。

7 桃が浮いてくるのを防ぐために直接平ら板をのせ（**d**）、軽めの重石をする。冷蔵庫で冷やし、表面が平らに固まったらさらにゼリー液を流し入れ（**e**）、アルミ箔を開けたまま冷蔵庫で5分ほど冷やす。表面が固まったらアルミ箔をかぶせ（p.21参照）、冷蔵庫で冷やし固める。

a

b

c

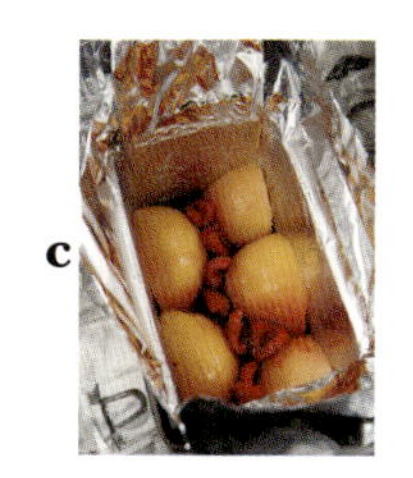

d

e

Terrine de melon, kiwi et muscat

メロン、キウイ、マスカットのテリーヌ

キウイはたんぱく質分解酵素を含むフルーツ。ゼラチンで固めるデザートには使えませんが、寒天ならばその難題を解決できます。が、扱いが意外と難しい。寒天液が具材をしっかり包み込んでいないと崩れやすくなります。みっちりと具を詰めるテリーヌがほとんどですが、これはあえて具材同士の間隔をあけて寒天液で覆うようにします。染み込みをよくするためにフルーツの切り込み、穴あけも必要。寒天液は沸騰させてしっかりとろみをつけます。型から抜くときも崩れやすいので、やさしくそっと。

材料（15cmテリーヌ型1本分）

メロン（直径2.5cm大）…… 18個
種なしマスカット（シャインマスカット）
…… $^{1}/_{2}$房（18粒）
キウイ …… 2 $^{1}/_{2}$個
A { 水 …… 100g
白ワイン …… 50g
メロンリキュール …… 50g
粉寒天（p.106参照）…… 4.5g
黒粒こしょう …… 15粒
シナモンスティック …… $^{1}/_{2}$本
グラニュー糖 …… 50g

＊盛りつけ
マスカルポーネとバニラのソース
（p.106参照）…… 適量

作り方

1. メロンは直径2.5cm大にくりぬく（**a**）。
2. マスカットは上下を切り、串で皮に穴をあける（**b**）。上下を切って型に並べると、どこを切ってもカットした断面にマスカットが丸く出るようになる。
3. キウイは皮をむいて縦に4等分に切り、表面に浅く切り込みを入れ（**c**）、寒天液を染み込みやすくする。
4. バットにペーパータオルを敷き、メロン、マスカット、キウイをのせ、バットをゆすって水分を取る（**d**）。
5. 型にアルミ箔を敷き（p.20参照）、具材を縦1列に並べる（**e**）。これを繰り返し、同じ具材が上下左右で隣り合わないようにバランスを考えながら詰める。
6. 鍋にAを入れ、火にかける前に寒天を加え、よく混ぜる（**f**）。黒こしょう、シナモンを加え、強火にかける。沸騰するとあくが出てくるので取る（**g**）。グラニュー糖を加えて溶かす。とろみがついてくるまで、混ぜながらしっかり加熱する（**h**）。
7. 冷めてくるとすぐに固まるので、熱いうちに漉しながら型に加える（**i**）。粗熱がとれたら、アルミ箔を開けたまま冷蔵庫で5分冷やす。表面が固まったらアルミ箔をかぶせ（p.21参照）、重石をせずに冷蔵庫で冷やし固める。

a 
b 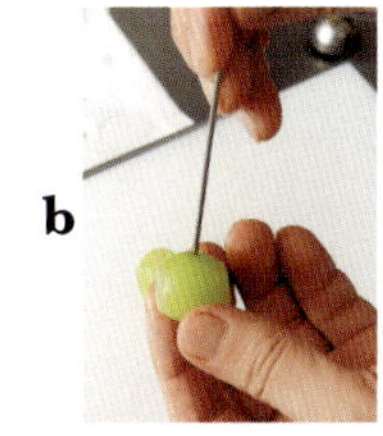
c 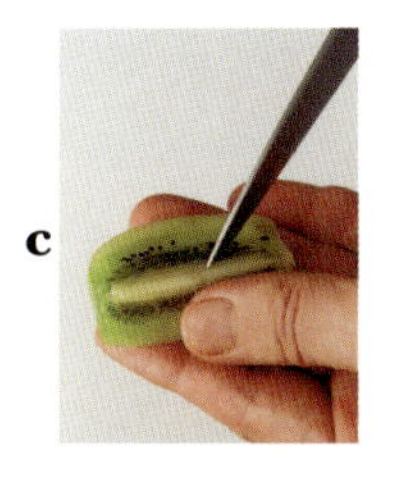
d 
e 

f 
g 
h 
i 

Parfait à la terrine aux agrumes et au Campari

柑橘とカンパリのパルフェ、テリーヌ仕立て

カクテルのカンパリオレンジをイメージして、アイスタイプのテリーヌを作りました。生地にゼラチンを入れるのは、盛りつけてから食べるまで多少溶けても形を保てるように。空気を含んだパルフェ生地はふわっとした舌触りで、ごろっと存在感のあるフルーツとの組み合わせで食感の強弱ができます。型に敷くのはオーブンペーパー。ラップやアルミ箔だと冷凍した際に破れたりくっついたりしてしまい、型から出せなくなる問題が起きがちです。表面の模様はステンシルシートを使って色粉スプレーで描いています。

材料（15cmテリーヌ型2本分）

グレープフルーツ …… 1/2個
ルビーグレープフルーツ …… 1/2個
オレンジ …… 1/2個
甘夏 …… 1/2個
プラチョコホワイト …… 140g
チョコレート用色粉（ピンク）…… 適量

【カンパリゼリー】
A { カンパリ（リキュール）…… 75g
　 柑橘類の果汁 …… 45g
　 水 …… 30g
B { グラニュー糖 …… 65g
　 パールアガー8（p.106参照）…… 15g

【パルフェの生地】
甘夏の皮（みじん切り）…… 1/2個分
C { 水 …… 120g
　 グラニュー糖 …… 40g
カンパリ …… 20g
D { グラニュー糖 …… 128g
　 水 …… 45g
卵黄 …… 100g
生クリーム …… 320g
E { 柑橘類の果汁 …… 45g
　 グランマニエ …… 8g
ゼラチン …… 8g

＊盛りつけ
カンパリゼリー …… 適量

作り方

1 オーブンペーパーを型に合わせてカットし、型にバターを塗って敷く（**a**）。プラチョコは色粉を加えて練り、台にコーンスターチ（分量外）で打ち粉をし、麺棒で2〜3mm厚さにのばす。型の長さに合わせて全体を包めるサイズに切り、型に敷く（**b**）。

2 柑橘類は房に分けて薄皮をむき、水気を拭く。別途ゼリー、パルフェの生地用に果汁を搾っておく。

3 【カンパリゼリー】鍋にAを入れて火にかけ、沸騰したらBを加えて溶かし、バットに薄く流し入れて粗熱をとり、冷蔵庫で冷やす。

4 【パルフェの生地】鍋に水、甘夏の皮を入れて水からゆでこぼし、えぐみを取る。これを3回繰り返す。Cを加え、透き通って柔らかくなるまで煮る。

5 鍋にカンパリを入れて火にかけ、アルコール分を飛ばす。1/2量ほどになり、とろみがつくまで煮詰める。

6 別の鍋にDを入れて火にかけ、120℃まで熱する。

7 ボウルに卵黄を入れ、ハンドミキサーで混ぜる。白っぽくなったら**6**を少しずつ加え、もったりと白くなり、冷めるまで混ぜる。

8 生クリームは六〜七分立てにする。

9 耐熱容器にEを入れて電子レンジで温め、ゼラチンを加えて溶かす。

10 **7**に**9**を加えて混ぜる。**8**を2回に分けて加え、さっくり混ぜる。**4**の甘夏の皮を加えて混ぜる。

11 【組み立て】型に**10**のパルフェ生地を入れ、柑橘類を並べ入れる（**c**）。型の上端から1.5cmほどを残してこれを繰り返す。残りの生地に**5**のカンパリを入れて混ぜ、型に入れて軽くかき混ぜる（**d**）。

12 カンパリゼリーを型の大きさに合わせて切り、のせる（**e**）。ゼリーを巻き込まないようにプラチョコをかぶせる（**f**）。オーブンペーパーをかぶせ、冷凍庫で冷やし固める。

a
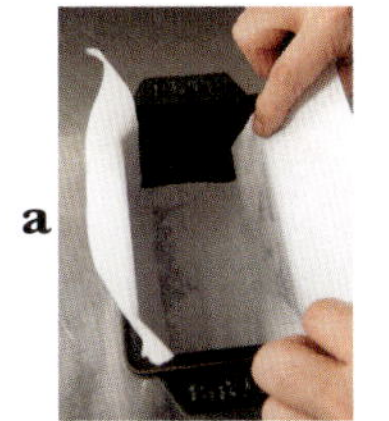

b
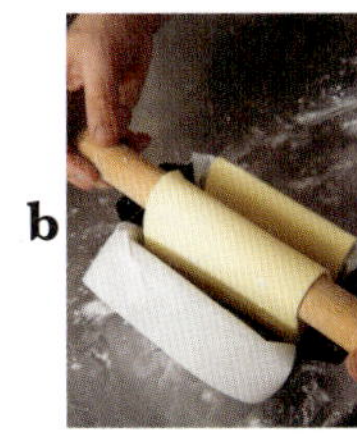

c
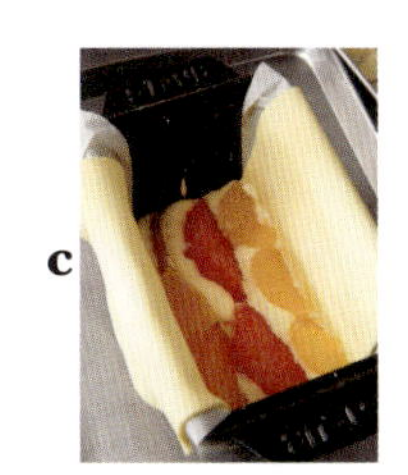

d

e
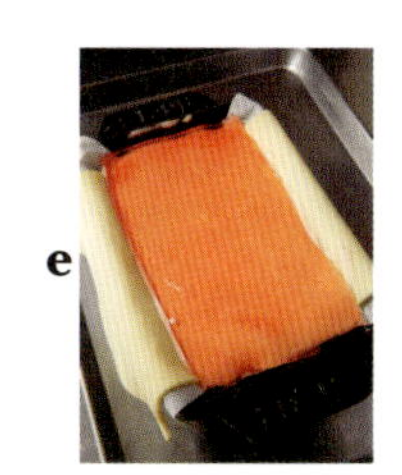

f

Terrine de pommes “Kogyoku” aux raisins secs

紅玉とレーズンのテリーヌ

断面は「青海波（せいがいは）」をデザイン。青海波は日本の伝統文様で、半円形が波のように反復する幾何学模様です。これを作るには、りんごを型に詰めるときに皮を上に、段ごとに両脇、中心と繰り返すようにします。最終的にりんごは型より溢れていても、プレスすると沈んで落ち着くのでご安心を。ラップを使用するテリーヌは通常３枚重ねですが、プレスタイプは５枚重ねにして強度を高めます。店ではプレス機を使用していますが、たこ糸などでも代用できるので挑戦してみてください。

材料（15cmテリーヌ型１本分）

りんご（紅玉）
…… 4～5個（1個約240g。皮つき）
サルタナレーズン …… 40g
A { 水 …… 210g
白ワイン …… 50g
はちみつ …… 12g
グラニュー糖 …… 125g
レモン …… 1/4個
B { シナモンスティック …… 1/2本
黒粒こしょう …… 12粒
クローブ …… 2個
ゼラチン …… 15g

＊盛りつけ
りんごのクリームソース（p.106参照）、レモンの皮（すりおろす）、シナモンパウダー …… 各適量

作り方

1 鍋にAを入れて火にかけ、レモンを搾り入れ、レモンごと加える。Bはペーパータオルで包んでたこ糸で縛り、鍋に加える。ひと煮立ちしたらゼラチンを加え、溶かす。

2 りんごは皮つきのまま4等分に切って芯を取り、皮側に串を刺して穴をあける（**a**）。

3 りんごが1段で納まるような大きめの鍋に並べ、レーズン、*1*のゼリー液を加える（**b**）。落としぶたをして火にかけ（**c**）、7～8分煮る。

4 型に５重にラップを敷き（p.20参照）、りんごは皮を上に、切り口を角に合わせるように詰める（**d**）。レーズンもところどころに入れ、ゼリー液を加える。りんごは規則正しい反復模様になるよう、両脇に縦1列に、次の段は中心に詰める、を繰り返す（**e**）。

5 ラップをかけて重石をのせ、型の上に出ている部分のラップに串を刺して穴をあけ（**f**）、余分なゼリー液を出す。プレス機にかけ、りんごが沈んできたら成形し直す、を繰り返す。プレス機がない場合は、重石ごとたこ糸できつく縛り、重めの重石をし、常温でプレスする。たこ糸がゆるんできたらいったんラップをはずして形を整え、同様にたこ糸で縛り直し、型に納まるまで繰り返す。

6 りんごが型に納まったら、たこ糸で縛ったまま冷蔵庫で冷やし固める。

※成形時に出てきたゼリー液はとっておき、温めてカット後の断面に塗ったり、穴埋めに使用したりする（**g**）。ソースにも利用する。

a
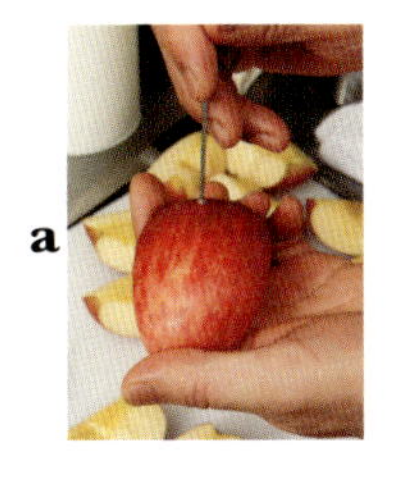

b
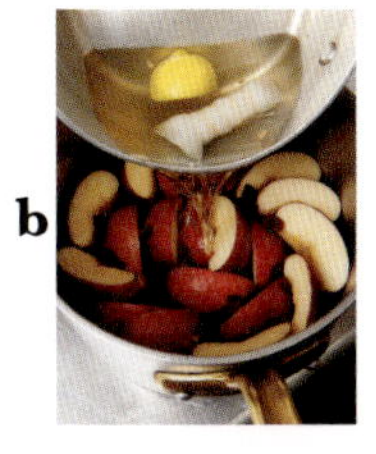

c

d

e

f
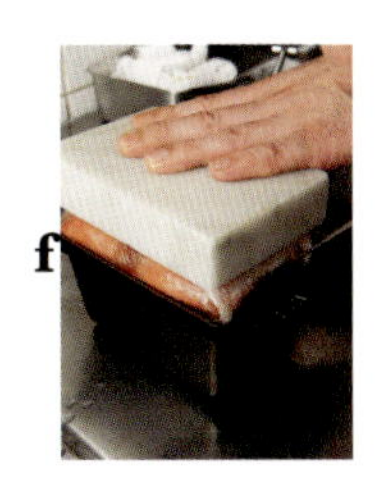

g

Terrine de potiron, châtaignes et patates douces

かぼちゃ、栗、さつまいものテリーヌ

クレーム・ダマンドはタルトやパイなどに使われるのが一般的ですが、テリーヌでも活躍します。通常は砂糖を用いるレシピを、風味よく仕上げるためにはちみつでアレンジ。濃厚な生地はいも、栗、かぼちゃとの相性がよく、ドライフルーツも隠れた名脇役。アプリコットはその酸味が、いもなどのほっこりとした旨味を引き立て、いちじくは甘味のアクセントに。このテリーヌはしっかり香ばしく焼いたほうが美味しい焼き菓子。表面が割れても大丈夫、ホイップクリームをたっぷり添えてどうぞ。

材料（15cmテリーヌ型1本分）

かぼちゃ …… 1/8個［160g］
さつまいも …… 1/4本［100g］
※［　］内の数字はレンジで加熱したあとの重量
渋皮栗甘露煮 …… 100g
セミドライいちじく …… 80g
セミドライアプリコット …… 60g

【クレーム・ダマンド】
A ｛全卵（常温にもどす）…… 80g
　　バター（常温にもどす）…… 80g
　　アーモンドプードル …… 80g
　　はちみつ …… 80g
ラム酒 …… 4g
黒煎りごま …… 20g

作り方

1. かぼちゃは皮つきのまま小さめの一口大に切り、ラップで包んでレンジで5分加熱する。さつまいもは皮つきのまま濡らしてラップで包み、レンジで5分加熱し、かぼちゃと大きさを揃えて切る。栗、いちじく、アプリコットも大きさを揃えて切る（**a**）。
2. 【クレーム・ダマンド】フードプロセッサーにAを入れ、なめらかになるまで攪拌する。ラム酒を加え、さらに攪拌する。黒ごまを加え、混ぜる。
3. 型にバター（分量外）をたっぷり塗り、クレーム・ダマンドを薄く入れる（**b**）。具材を縦1列ずつに並べて詰め（**c**）、クレーム・ダマンドを入れる。これを繰り返し、同じ具材が上下左右で隣り合わないようにバランスを考えながら詰める。
4. ふたをせずに、180℃のオーブンで10分、140℃にして30分焼く。表面に美味しそうな焼き色がついたら、120℃にして15分ほど焼く。焼き上がりは膨らむが、時間が経つと落ち着いてくる。粗熱がとれたら、冷蔵庫で冷やす。

a

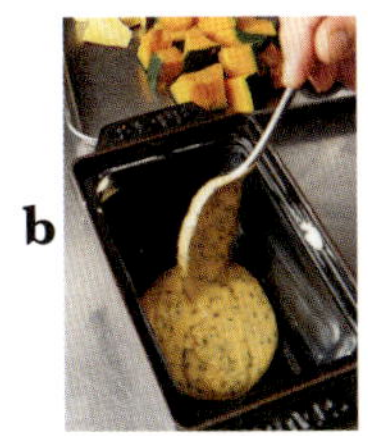
b

c

シェフのヒント

型にバターをたっぷり塗っておくのは、テリーヌを型からきれいに取り出すため。また、クレーム・ダマンドを流し込んだときにバターが混ざらないように、バターを塗った型は冷蔵庫でよく冷やしておきます。
焼き上がって冷蔵庫で冷やしたら、側面にナイフをそっと差し入れて取り出します。型の材質によっては取り出しにくいものもあるので、あらかじめオーブンペーパーを敷いてもいいでしょう。底面に敷くだけでも効果があります。ペーパーを敷く際は、型の内側に薄くバターを塗って密着させます。

Terrine de chocolat blanc au thé matcha

抹茶とショコラ・ブランのテリーヌ

生地の土台はショコラ・ブラン。抹茶の風味をしっかり効かせています。なめらかな口溶けを目指したいので、冷やした時に硬く固まりすぎないようちょっとした工夫を。それがバターとサラダ油という油脂分を加える工程。これで柔らかさがキープできます。オーブンで焼く際は、スチーム機能を使うほか、湯せんにしてもよいでしょう。焼き上がりの生地がゆるく感じても、ショコラは冷えれば固まるので心配いりません。

材料（15cmテリーヌ型1本分）

クーベルチュール（ブラン。タブレット、または刻んだもの）…… 240g
バター（角切り）…… 125g
サラダ油 …… 25g
抹茶の粉 …… 13g
卵黄 …… 80g
卵白 …… 90g
牛乳 …… 40g
生クリーム …… 100g

＊盛りつけ
ホイップクリーム、ピスタチオ、ヘーゼルナッツとアーモンドのカラメリゼ、抹茶の粉、粉糖入り抹茶の粉 …… 各適量

作り方

1 ボウルにクーベルチュールとバターを入れ、湯せんにかけながらゴムべらで混ぜて溶かす（**a**）。生温かいうちにサラダ油を少量ずつ加え、泡立て器でつなぐ（**b**）。抹茶をざるでふるいながら加え（**c**）、よく混ぜてから卵黄と卵白を加えて混ぜる。

2 牛乳と生クリームを小鍋で沸かし、人肌の温度に温める。**1**に少しずつ加えながら混ぜ（**d**）、ざるで漉す（**e**）。

3 型にアルミ箔を敷く（p.20参照）。**2**の生地を全量流し入れ（**f**）、台の少し上から型をトントンと数回落として空気を抜く。ラップを2枚かぶせ、86℃、湿度40%のオーブン（コンビモード）で1時間40分焼く。常温において粗熱をとり、冷蔵庫で冷やし固める。
＊確実に焼き上がりを見るには芯温計で測る。76℃なら火が入っている（**g**）。

Terrine de tarte Tatin

タルトタタン、テリーヌ仕立て

カラメリゼしたりんごが魅力的なフランスの伝統菓子。りんごは少し色が濃いかな、と思うくらいカラメリゼするのがいい状態。最初からすべてのりんごは型に入りきらないので、余分は一緒にオーブンへ。どちらのりんごも同様に火を通せ、嵩を減らせます。タルト生地のパーツは別添えで、かつ濃厚にアレンジ。粉糖をふって焼き、カラメル感を合わせます。型から溢れたカラメルは、生クリームを加えるとソースになるので捨てないでください。泡立ててもいいし、とろっとしたままでも美味しいです。

材料 (15cmテリーヌ型1本分)

【パート・ブリゼ】
※材料はすべて冷やしておく

A
- 薄力粉……130g
- 強力粉……130g

バター……160g

B
- 塩……少量
- 全卵……1個
- 冷水……大さじ1

粉糖……適量

【フィリング】
- りんご(紅玉)……8個(1.4kg)
- グラニュー糖……80g
- バター……40g
- カルバドス(りんごのブランデー)……少量

【カラメル】
- グラニュー糖……70g

- バター……30g
- バニラビーンズ(さやに切り目を入れる)……1本

作り方

1 【パート・ブリゼ/生地を作る】Aを合わせてフードプロセッサーにふるい入れ、バターを加え、攪拌する。Bを加え、さらに攪拌する。

2 ひとつにまとめてラップで包み、冷蔵庫で1時間以上休ませる。

3 【フィリング】りんごは皮をむいて4等分に切り、芯を取る。フライパンにグラニュー糖を入れて中火にかけ、カラメル色になったらバターを加える(**a**)。火を弱めてりんごを加え、絶えずゆすり、返しながら、濃いカラメル色になるまで焼く(**b**)。香りづけのカルバドスを加えて火を強め、フランベする。

4 天板に並べ、170℃のオーブンで10〜15分、柔らかくなるまで焼く。

5 【カラメル】フライパンにグラニュー糖を入れて中火にかけ、カラメルを作る。型に流し入れ(**c**)、りんごを焼いている間に冷まして固める。

6 型にバニラを入れ、バターをちぎって入れる(**d**)。

7 型にりんごを詰める。型から少し溢れるくらい入れる(**e**)。180℃のオーブンで1時間ほど焼く。型に入りきらなかったりんごはバットなどにのせ、一緒にオーブンに入れる。途中、焦げつかないよう様子を見ながら160℃くらいに下げ、型の中のりんごが沈んできたらバットのりんごを重ね、フライ返しなどで押さえ、詰めていく(**f**)。焼き上がりはまだ型から溢れている状態(**g**)。冷めると沈むのでしばらくおく。

8 平ら板にアルミ箔を巻いてりんごにのせ、重めの重石をし、常温におく(**h**)。横からはみ出してくるりんごは中に詰め、形を整える。ラップをかけ、冷蔵庫で冷やす。

9 【パート・ブリゼ/焼く】台に強力粉(分量外)をふり、***2***を麺棒で2mmほどの厚さにのばす。冷蔵庫で1時間休ませる。160℃のオーブンで15〜30分しっかり焼く。粉糖を全体にたっぷりふり、トースターで表面が美味しそうなカラメル色になるまで焼く。粉糖をふって焼く工程を3回繰り返す。テリーヌよりひとまわり大きく割り、ともに盛りつける。

a

b

c

d
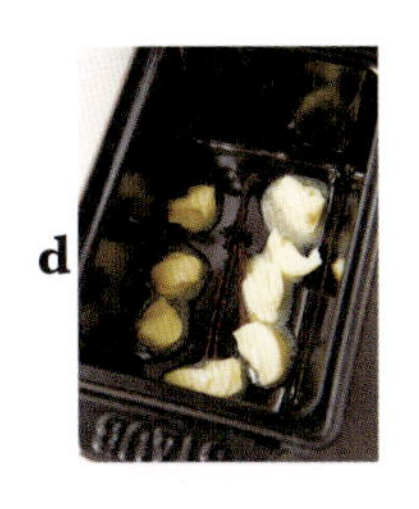

e

f

g

h

Terrine café-chocolat

カフェ・ショコラのテリーヌ

「粉をテーマにしたテリーヌがあったら面白いかも」と閃いたのが、このメニュー誕生のきっかけ。クレープもビスキュイもベシャメルも粉、そしてチョコとコーヒーの風味…とくれば重くなりそうなところですが、ナッツやサブレなど食感のあるものを組み合わせることで飽きさせない工夫をしています。作り方で気をつけたいのはベシャメルカフェ。ルゥの温度をいったん下げておくと濃度がつく前に牛乳を溶かし込めるので失敗しにくくなります。沸騰してからは濃度がついてはねるので火傷に注意してください。

材料（15cmテリーヌ型2本分）

【サブレカカオ】※ガナッシュに使用

A { 薄力粉……150g／アーモンドプードル……50g／カカオプードル……25g
ベーキングパウダー……1.5g

B { 粉糖……75g／溶かしバター……110g

溶き卵……1個分

【ビスキュイカフェ】

C { アーモンドプードル……67g
粉糖……67g

卵白（メレンゲ用）……100g

グラニュー糖……60g

D { 卵黄……53g／卵白……46g

E { 薄力粉……60g
コーヒー（インスタント）……6g

【クレープ】

F { 強力粉……45g
カカオプードル……15g

G { グラニュー糖……20g／塩……少量

全卵……1個

牛乳……130g

H { 溶かしバター……17g／ラム酒……7g

【ベシャメルカフェ】

I { 牛乳……450g／コーヒー豆……18g

J { バター……36g／薄力粉……40g

グラニュー糖……72g

【ガナッシュ】

K { 生クリーム……95g／牛乳……75g
液体コーヒー……15g

クーベルチュール（ノワール）（常温にもどす）……200g

バター（常温にもどす）……45g

L { サブレカカオ（上記参照）……200g
カシューナッツ（ローストしてざく切り）……100g

【コーヒーシロップ】

水……80g

エスプレッソコーヒー……65g

コーヒー（インスタント）……15g

ラム酒……24g

準備

【サブレカカオ】ボウルにAを合わせてふるう。別のボウルにBを混ぜ、溶き卵を加えて混ぜ、Aのボウルに加えて混ぜる。ひとつにまとめてラップで包み、冷蔵庫で一晩休ませる。

【ベシャメルカフェ】Iを合わせ、冷蔵庫に一晩おく。

作り方

1 【サブレカカオ】一晩休ませた生地を1cmほどの厚さにのばし、オーブンペーパーを敷いた天板にのせ、160℃のオーブンで15分焼き、粗熱をとる。200gをざく切りにし、ガナッシュに使用。

2 【ビスキュイカフェ】ボウルにCを合わせてふるう。

3 別のボウルに卵白を入れ、ハンドミキサーでしっかり混ぜる。グラニュー糖を3回に分けて加え、角が立つまで混ぜてメレンゲを作る。Dを合わせ、**2**に加え、よく混ぜる。メレンゲの1/3量を加えて混ぜる。Eをふるい入れ、混ぜる。残りのメレンゲを2回に分けて加え、最後はさっくり混ぜる。

4 天板にバターを塗ってオーブンペーパーを敷き、**3**を入れて平らにする。160℃のオーブンで12〜13分焼く。

5 【クレープ】ボウルにFを合わせてふるい、Gを加えて混ぜる。卵を割り入れ、混ぜる。ほぼ混ざったら、牛乳を少しずつ加えて混ぜる。Hを加え、よく混ぜる。常温で1時間ほどおく。

6 フッ素樹脂加工のフライパンを中火で熱し、**5**の生地を流して両面を焼く。直径24cmで6枚が目安。

7 【ベシャメルカフェ】鍋に一晩おいたIを入れて沸騰させ、火を止め、ふたをして10分ほどおいて香りを移す。

8 別の鍋にJを入れ、弱火で色づかないように炒める。鍋底を冷水に当てて冷ます。**7**を漉しながら加え、よく混ぜる。グラニュー糖を加えて再び火にかけ、沸騰したら弱火にし、絶えず混ぜながら5〜10分、粉っぽさがなくなるまで加熱する。粗熱がとれたら絞り袋に漉し入れる。

9 【ガナッシュ】鍋にKを入れて火にかけ、沸騰させる。

10 ボウルにチョコレートを入れ、**9**を少しずつ加えて溶かす。バターを加え、しっかり溶けたら、Lを加えて混ぜる。

11 【コーヒーシロップ】鍋に材料をすべて入れて沸騰させ、冷ます。

12 【組み立て】型にラップを敷く（p.20参照）。クレープは型の長さに合わせて全体を包めるサイズに切り、型に敷く。ビスキュイカフェは型のサイズに合わせて4枚切る。下から12.5×7.3cm、13×7.8cm、13.5×8.3cm、14×8.7cm。

13 型にガナッシュの1/3量を入れ、ビスキュイを重ねて空気を抜き、コーヒーシロップをたっぷり塗る（**a**）。ベシャメルカフェの1/2量を絞り入れる（**b**）。ビスキュイ、ガナッシュ、ビスキュイ、ベシャメルカフェ、ビスキュイ、ガナッシュの順に入れ、クレープをかぶせる。ビスキュイを入れるときはコーヒーシロップを塗る。ラップをかけ（p.21参照）、冷蔵庫で冷やし固める。

a

b
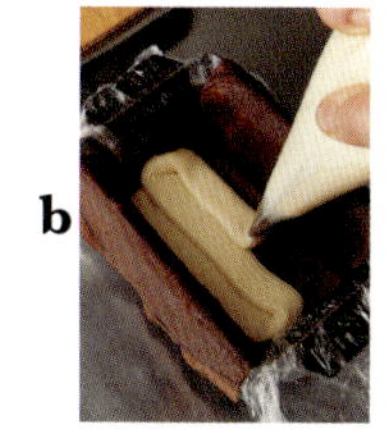

p.94 スープ・ド・ポワソン

アラの炒め方がポイントです。アラの量が多いときは一度に炒めると水分がたまって「煮る」状態に近くなるので、1kgずつ水分をしっかり飛ばしながら炒めます。こうすれば生臭みも残りません。

材料（8人分）

白身魚のアラ …… 3kg
にんにく（外皮つきで横半分に切る） …… 2 1/2個分

A
- 玉ねぎ（薄切り） …… 200g
- ポワロー（薄切り） …… 200g
- にんじん（薄切り） …… 50g
- セロリ（薄切り） …… 100g
- フヌイユ（薄切り） …… 400g

B
- フェンネルシード …… 大さじ2
- ディルシード …… 大さじ1
- 八角 …… 2個
- 赤唐辛子 …… 2本

トマトペースト …… 30g
トマト（大玉） …… 3個
サフラン（ホール、パウダー） …… 各2g
ブーケガルニ …… 1本
白ワイン …… 400g
水 …… 3.5ℓ
ペルノー酒 …… 40g
オリーブ油 …… 適量
塩 …… 適量

作り方

1 アラはえら、ひれ、眼を取り除き、5cm大に切り分けて流水で血抜き後、水気を拭き取る。

2 深鍋にオリーブ油と、にんにくを切り口を下に入れ、強火にかける。香りが出てきたらAの香味野菜を加えて炒め、しんなりしてきたらアラを入れる。木べらでつぶしたり混ぜたりを繰り返しながら丹念に炒める（**a**）（量が多いので3回分に分けて炒めながら加えていく）。

※時間が経つと魚のゼラチン分が出てくるので、鍋底がこげつきやすくなります。注意しながらこまめに混ぜる。

3 鍋底に旨味分がこびりついてきたら、Bのスパイスを加え、炒め合わせる。続けてトマトペーストを入れてしっかりと炒める（**b**）。白ワインを入れて炒め合わせ、水を注いで混ぜながら沸騰させる。あくを取り、トマトをつぶしながら入れ、サフラン2種類とブーケガルニを入れる。中火で1時間ほど煮込む（**c**）。

4 漉し器で材料をつぶしながら漉し、アラのエキスを搾り出す（**d**）。鍋に移し、半量になるまで2〜3時間かけて煮詰める。あくを適宜取り、仕上げに塩とペルノー酒を加えて味を調える。

a

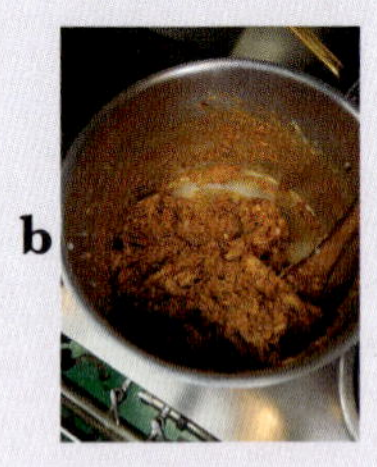
b

c

d

p.123 ブルーベリーのパールゼリー

アガーアガーを混ぜたシロップ生地を小粒のゼリーに固めたもの。油に入れる前のシロップ生地は熱すぎると、油の中で溶け、冷たすぎると生地が固まってしまうので、生温かい温度で油に落とすのがポイント。

材料（作りやすい分量）

A
- 無糖ヨーグルトのホエー* …… 360 g
- ブルーベリーシロップ …… 360 g
- アガーアガー（p.106参照） …… 7.2 g（液体の1%）

サラダ油 …… 適量

*ホエーは、ヨーグルトを水切りした際に残った水分。

作り方

1 高さのある容器にAを合わせ、ハンドブレンダーで撹拌する。アガーアガーが溶けたら鍋に移して沸騰させ、あくを除く（**a**）。鍋底を氷水に当てて粗熱をとる。

2 高さ15cmほどの容器にサラダ油を入れ、まわりに大量の氷を当ててしっかり冷やす。複数の穴のあるディスペンサーに**1**の生地を入れ、油の中に円を描くように絞り出すと、小粒のパール状に固まる（**b**）。

3 ざるで漉して油をきり（**c**）、ぬるま湯ですすいで表面の油脂分を洗い落とす。パール状のゼリーのでき上がり（**d**）。

a

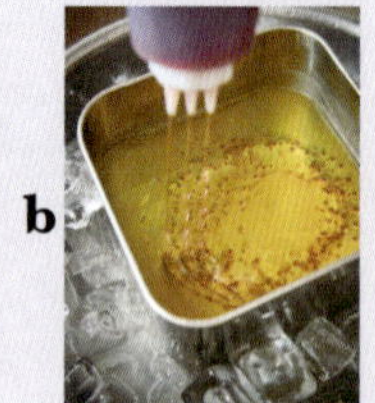
b

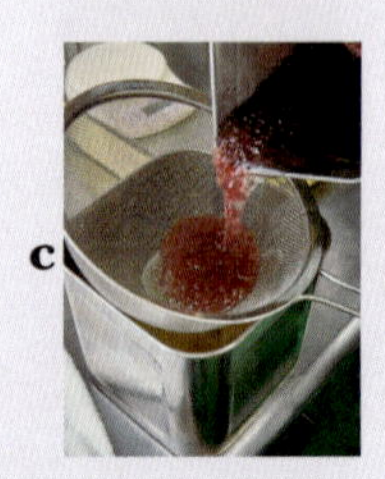
c

d

Chapitre

5

テリーヌを楽しむ食卓演出

Art de la table avec des terrines

シンプル・テリーヌもデコレーションひとつですっかり見違えるもの。またピンチョスなどにして、供し方をアレンジするのもおすすめです。そしてテリーヌは事前に用意できるメリットも見逃せません。献立にテリーヌを取り入れると時間的にも余裕が生まれ、華やかに食卓を演出できます。パーティーのメニュー例もご紹介しましょう。

Assiettes artistiques du chef

シンプル・テリーヌのデコレ ── 1

印象派風 豚肉のテリーヌ、竹炭の陰影

Terrine de porc en forme de mosaïque par “takezumi”

リーフ型の飾りとほうれん草のソースで

ベースのテリーヌは、部位違いの3種類の豚肉を大小の角切りにして詰めたもの。調味料と一緒に竹炭パウダーをまぶしておくと、切り分けたときに肉のかたまりが縁取りされ、美しいマーブル模様が現れます。写真左のデコレーションは、爽やかな青臭さのあるほうれん草のソースと、竹炭入りじゃがいものピュレを使ったリーフ型チュイル。辛味の効いたレフォール風味のホイップクリームを上にのせてアクセントにしています。

印象派風 豚肉のテリーヌの作り方はp.152参照

ムール貝とサフラン風味のソースで

豚肉と貝類は意外や、相性のよい組み合わせです。この皿ではムール貝の身とともに、貝から出る汁をサフラン風味のマヨネーズ的なソースに仕立て、さらに貝のだしに生クリームやバターを加えて泡立てたソースを添えてムールの旨味を存分に生かしています。味のつなぎ役はじゃがいものピュレ。

きのこのサラダとチェリーピクルス添え

豚肉ときのこという旨味素材の競演です。きのこはマッシュルームと黒トリュフ。野菜とともにヴィネグレットで和えてサラダ仕立てに。皿の縁にも黒トリュフのヴィネグレットを塗って香りを添えます。薬味はピクルス液に3か月以上漬けたアメリカンチェリー。甘く爽やかな口直しです。

Assiettes artistiques du chef

シンプル・テリーヌのデコレ —— 2

ガトーフロマージュのテリーヌ

Terrine de gâteau au fromage

グラノーラやフルーツで表現した、自然を纏ったガトーフロマージュ

土台はベイクドチーズケーキの生地をテリーヌ型で焼いたもの。色、味、食感の変化に富んだ素材を花畑風に盛り込みました。ピスタチオやそばの実入りの自家製グラノーラ、レーズンやブルーベリー、クコの実などのドライフルーツ、コアントローで香りづけしたりんごとオレンジ、そしていちごのフリーズドライ。ソースはりんごとフランボワーズのピュレをシロップでのばしたもので、カシスのソルベも添えます。

ガトーフロマージュのテリーヌの作り方はp.153参照

色とりどりのショコラで
アール・デコ調のデザインに

極薄に焼いたパート・シュクレ（砂糖入りのタルト生地）と、色違いの3種類のショコラをそれぞれ幾何学的な文様と形状に作り、下に敷いた四角形のフロマージュのテリーヌに彩りよく配してアール・デコ調の世界を作っています。ショコラはビター、ホワイト、ルビーの3種。各ショコラの下には風味づけと接着剤も兼ねて、スパイス風味のマーマレードを忍ばせています。

印象派風 豚肉のテリーヌ

Terrine de porc en forme de mosaïque par "takezumi"

部位違いの3種類の豚肉をカットして詰め合わせます。肉を切り、調味し、直接型に詰めるだけ。簡単で失敗なくできるテリーヌとしてマスターしておくと重宝します。でき上がりは高級ハムのような味わいです。調味料と一緒に肉に竹炭パウダーをまぶしておくだけで、切り分けたときに肉のかたまりが1個1個縁取りされ、美しい切り口に。肉は焼くと縮むので、型から盛り上がるくらいのボリュームに詰めてください。

材料（プティ・テリーヌ型1本分）

豚のど肉（またはバラ肉）…… 350g
豚もも肉 …… 350g
ベーコン …… 120g
A 塩 …… 9g（肉の1.1%）
　こしょう …… 1g
　グラニュー糖 …… 少量
　にんにく（すりおろす）…… 3g
B ミニョネット …… ふたつまみ
　ナツメグ …… 0.5g
ノイリー酒 …… 5g
竹炭パウダー …… 1g

作り方

1. 豚のど肉ともも肉は4cm角に切り、ベーコンは1.5cm角に切る。Aをまぶしてもみ込み、冷蔵庫で1日マリネする（**a**）。
2. 1にBの調味料とノイリー酒を加え、しっかりもみ込む（**b**）。最後に竹炭パウダーを加えて、肉全体にからませる（**c**、**d**）。
3. テリーヌ型に2を直接詰め、アルミ箔を2枚かぶせて、ふたをする。200℃、湿度20%のオーブン（コンビモード）で15分、140℃に下げて30分焼く。重石をして粗熱をとった後、冷蔵庫で冷やす。湯せんで焼いてもよい（**e**）。

a

b

c

d

e

ガトーフロマージュのテリーヌ

Terrine de gâteau au fromage

おなじみの人気のベイクドチーズケーキをテリーヌ型で焼いています。タルト生地も敷かず、材料を混ぜたチーズ生地を型に詰め、湯せん焼きするだけ。シンプルです。チーズ生地はフルーツやホイップクリーム、ショコラなどとの相性が抜群。土台がシンプルであればあるほど、自分流のデコレーションの幅が広がります。このテリーヌも自在に楽しんでください。

材料（プティ・テリーヌ型1本分）

クリームチーズ …… 400g
サワークリーム …… 100g
グラニュー糖 …… 135g
コーンスターチ …… 7g
レモン汁 …… 10g
レモン果皮 …… 1/3個分
全卵 …… 150g
生クリーム …… 60g

準備

❶ クリームチーズを常温で柔らかくしておく。
❷ テリーヌ型の内側にバター（分量外）を塗り、オーブンペーパーを敷いて冷蔵庫でバターを冷やし固めておく。ペーパーは型の縁からはみ出すようにしておく（**a**）。

作り方

1 クリームチーズ、サワークリーム、グラニュー糖をミキサーに入れて軽く攪拌する（**b**）。レモン汁と果皮、コーンスターチを加えてさらに攪拌する。柔らかくなり、よく混ざったらボウルに取り出す。

2 **1**に全卵を加える（**c**）。空気を入れないように泡立て器ですり混ぜる。生クリームを加え（**d**）、ゴムベラで混ぜてなめらかにする。

3 準備したテリーヌ型に**2**を型いっぱいまで流し入れる（**e**）。深いバットに置いて湯せんにし（**f**）、140℃のオーブンで1時間、130℃に下げて20分焼く。粗熱をとって冷蔵庫で冷やす。

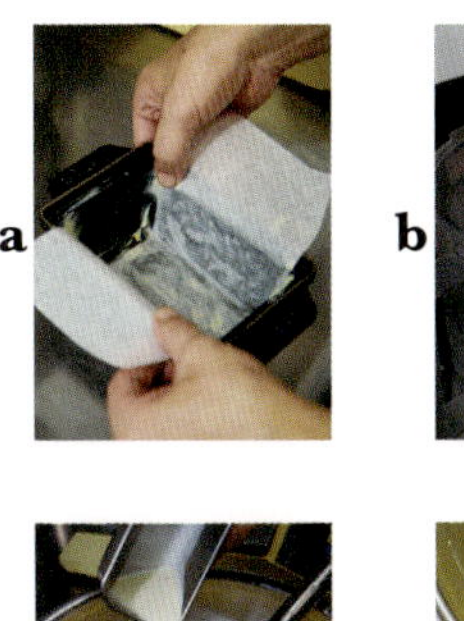
a

b

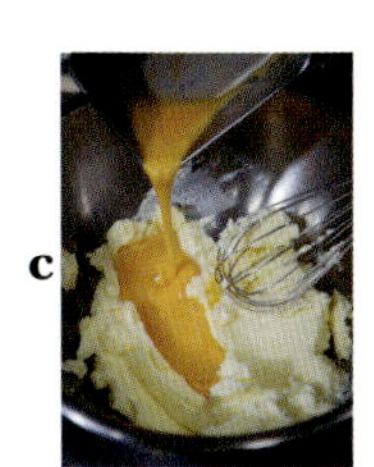
c

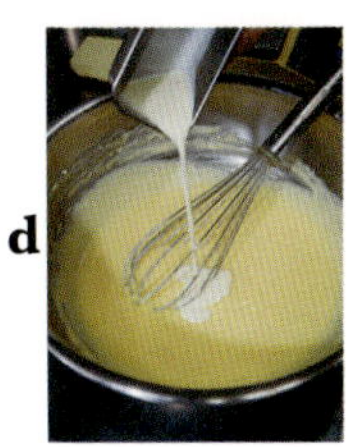
d

e

f

Assiettes artistiques du chef

テリーヌの盛りつけ術 —— 1

フォワグラのテリーヌの楽しみ方

Terrine de foie gras

冷燻の鴨胸肉とサラダ仕立てに

フォワグラは鴨やがちょうの肝臓ですから、鴨肉との相性は言うまでもありません。旨味の濃い鴨肉はフォワグラを引き立て、食感のコントラストも生んで面白い組み合わせになります。今回の皿は胸肉を冷燻にかけてミディアムレアに焼いたもの。フォワグラのテリーヌとともに薄切りにして交互に並べ、円形に抜いています。つけ合わせは円形のクルトンとミックスリーフ。味のアクセントにリュバーブのジャムと粗びきの黒こしょうを添えています。

フォワグラのテリーヌの作り方はp.171参照

ペースト状にしてパフェ仕立て

塩味のパフェです。かぼちゃのムースを中心に、フォワグラのテリーヌのペースト、薄切りマンゴー、ピスタチオ、カカオマスのクラム、ココナッツ味のスポンジ、ホイップクリームで楽しく飾ります。フォワグラのテリーヌはバターと生クリームを加えて攪拌、星口金で絞り出したもの。

ポタージュのトッピング材料に

フォワグラのテリーヌは少量でも存在感があり、トッピングとしても効果的。スープではクリーム系ポタージュと好相性です。写真はにんじんの冷製ポタージュで、フォワグラのテリーヌの薄切り、コンソメ・ジュレ、カレー粉をふったホイップクリームをプラス。コクが増して贅沢な味わいです。

Assiettes artistiques du chef

テリーヌの盛りつけ術 —— 2

田舎風テリーヌの楽しみ方

Terrine de campagne

フルーツとテリーヌの一口おつまみ

テリーヌの大定番、田舎風テリーヌを一口サイズで楽しみます。肉がぎっしり詰まって味わい的にもボリューミーなこのテリーヌは、サイズが小さくても食べごたえは充分。写真左は半割りにしたフレッシュのいちじくに田舎風テリーヌの薄切りをのせ、生ハムの帯で巻いたもの。甘くジューシーなフルーツの味わいと田舎風テリーヌは素晴らしいハーモニーです。

田舎風テリーヌの作り方はp.159参照

好みのパンにのせてオープンサンドに

田舎風テリーヌを薄く切り、バゲットなどにのせてオープンサンドとして楽しみます。クリームチーズに粒マスタードを練り混ぜたものをバター代わりにパンに塗ると、テリーヌとのいいつなぎに。写真ではアルファルファやコルニション、ドライいちじくを賑やかに盛っています。

小串に刺したピンチョススタイル

田舎風テリーヌのピンチョスです。見た目もかわいらしいですし、食べやすいところも魅力で、オードヴルの盛り合わせなどにも好都合。テリーヌは2㎝角に切り、コルニションとともに串に刺して、砕いた黒こしょうをのせています。手前はクレソンのマイクロリーフとディジョンマスタード。

田舎風テリーヌ

Terrine de campagne

田舎風テリーヌはビストロの定番メニュー。厚切りにしてメインディッシュ代わりに楽しんだり、シンプルにバゲットにのせていただいたりするのもいいですが、盛りつけひとつでいろいろに楽しめます。相性よしのピクルスの作り方ともどもレザンファン ギャテのレシピをお届けします。

材料（15cmテリーヌ型1本分）

豚のど肉（棒状のぶつ切り）…… 290g
仔牛もも肉（棒状のぶつ切り）…… 120g
鶏レバー …… 220g
豚の背脂（5mm角）…… 30g
鴨のフォワグラ（1cm角）…… 25g
豚の網脂 …… 適量

A ｛ 塩 …… 9g
こしょう …… 1.5g
カトルエピス …… 1g
グラニュー糖 …… 1g
ポルト酒 …… 15g
コニャック …… 15g

B ｛ 全卵 …… 1個
にんにく（みじん切り）…… 6g
エシャロット（みじん切り）…… 30g

C ｛ パセリ（みじん切り）…… 7g
ピスタチオ（薄皮をむく）…… 15g

D ｛ タイム …… 1枝
ローリエ …… 1枚
ジュニパーベリー …… 5粒

ラード …… 適量

＊盛りつけ
ピクルス（右記参照）、クレソンのサラダ、ディジョンマスタードと粒マスタードを合わせたもの、ミニョネット …… 各適量

作り方

1. のど肉ともも肉、レバーと背脂は、それぞれ別のバットに分けてAの$1/2$量ずつをふり、冷蔵庫に一晩おいてマリネする。
2. フードプロセッサーにレバーを入れて攪拌する。
3. のど肉ともも肉はミンチ機で粗びきにする。ボウルに入れて背脂を加え、よく練る。Bを加え、さらによく練る。**2**を少しずつ加えて練り、Cを加えてよく混ぜ、フォワグラを加えて軽く混ぜる。
4. 型に網脂を上部にかぶせる分を残して貼りつける。**3**を手にとってたたきつけ、空気を抜きながら型に詰める。網脂をかぶせ、Dをのせる。アルミ箔をかぶせて冷蔵庫で半日休ませる。
5. **4**を常温にもどし、ふたをして、180℃、湿度20%のオーブン（コンビモード）で10分、80℃に下げて約1時間焼く。ふたをはずして1kg程度の重石をのせる。粗熱がとれたら冷蔵庫で冷やす。
6. 冷えたらアルミ箔をはずし、表面に溶かしたラードを流し入れ、冷蔵庫で保存する。

ピクルス

材料（作りやすい分量）

A ｛ カリフラワー（小房に分ける）…… $1/3$株
にんじん（薄切り）…… $1/4$本分
れんこん（薄切り）…… $1/4$本分

ミニトマト …… 20個
アメリカンチェリー …… 100g

B ｛ 水 …… 280㎖
白ワイン …… 165㎖
白ワインビネガー …… 120㎖
赤唐辛子 …… 1 $1/2$本
ローリエ …… 2枚
にんにく …… 2かけ
クローブ …… 6粒
コリアンダーシード …… 60粒（約1g）
エストラゴン …… 2枝
グラニュー糖 …… 15g
塩 …… 15g
こしょう …… ふたつまみ

1. Aはさっと湯通しし、ざるに上げて水気をきり、容器に入れる。
2. 鍋にBを入れて火にかけ、沸騰させる。チェリーの分を残して**1**に流し入れ、冷ます。
3. ミニトマトを加える。チェリーは色移りするので、別の容器で漬ける。

パーティーの献立
ブッフェ・スタイル

Pour un buffet de réception

パーティーの献立
ブッフェ・スタイル

Pour un buffet de réception

ブッフェ・スタイルは部屋の一か所にお料理コーナーのテーブルを作ります。
立食形式に対応できるよう、できるだけ手でつまめる料理を多くしたり、個々の器に入れたりして、ひと工夫。
料理を取りやすくするにはテーブル上に段差を設けること、見た目も華やかに演出できます。
素材や味つけ、調理法はバランスよく、肉、魚、野菜があれば、マリネや焼きものもあるといった風。
テリーヌを主役にしたいので、その他の料理はあくまで脇役的。
だけれども個性があって、美味しく目にも楽しく。

Menu

1. グリュイエールとベーコンのパン・ペルデュ
   Pain perdu au Gruyère et aux lardons
2. ポークソーセージとゆで卵のアルザス風サラダ
   Salade alsacienne de saucisses de porc et œufs durs
3. 鴨のコンフィとアーティチョークのタルトレット
   Tartelette aux artichauts et au confit de canard
4. 鯵のマリネとからすみ
   Chinchards marinés à la boutargue
5. 鮪とクリームチーズのプティ・テリーヌ
   Petite terrine de thon mi-cuit au fromage à la crème
6. オリーブのマリネ
   Olives marinées

グリュイエールとベーコンのパン・ペルデュ

Pain perdu au Gruyère et aux lardons

材料（2.5×4.7×1.2cmのフィナンシェ型約23個分）

ベーコン（細切り）…… 30g
玉ねぎ（薄切り）…… 1/3個分
A｛全卵 …… 1個
　 卵黄 …… 1/2個分
B｛生クリーム …… 50g
　 牛乳 …… 40mℓ
C｛バゲット（1cm角）…… 100g
　 グリュイエールチーズ（すりおろす）…… 30g
　 黒粒こしょう（つぶす）…… 4g
D｛塩、こしょう、ナツメグ …… 各少量

1 鍋にベーコンを入れて弱火にかけ、炒める。脂が出てきたら玉ねぎを加え、しんなりするまで炒める。ざるで漉し、余分な脂をきり、冷ます。

2 ボウルにAを入れてよく溶き、Bを加えて混ぜる。**1**、Cを加えて混ぜ、Dで味を調える。

3 型に**2**を入れ、170℃のオーブンで15～20分、きつね色になるまで焼く。粗熱をとり、型から出す。

ポークソーセージとゆで卵のアルザス風サラダ

Salade alsacienne de saucisses de porc et œufs durs

材料（6人分）

サラダ菜 …… 1/2株
レタス …… 1/2玉
ポークソーセージ …… 200g
A｛ゆで卵 …… 2個
　 トマト …… 2個
　 じゃがいも（塩ゆでする）…… 1個
グリュイエールチーズ …… 適量
マヨネーズ（p.113参照）…… 適量
サラダ油 …… 適量

1 サラダ菜、レタスは適当な大きさにちぎり、冷水に浸けて水気をきり、皿に盛る。

2 ポークソーセージは食べやすい大きさに切る。フライパンにサラダ油を熱し、焼く。

3 Aは食べやすい大きさに切り、**2**とともに**1**に盛る。グリュイエールをたっぷりすりおろし、マヨネーズを添える。

鴨のコンフィと
アーティチョークのタルトレット
Tartelette aux artichauts et au confit de canard

材料（直径6.5cmのタルトレット型6個分）
鴨のコンフィ（p.79参照）…… 1本
アーティチョーク（冷凍）…… 2個
パート・ブリゼ（p.90参照）…… 180g
玉ねぎ（薄切り）…… 1個分
バター …… 30g
レモン果汁 …… 少量
タスマニアマスタード …… 適量
A｛パン粉 …… 40g
　パセリ（みじん切り）…… ふたつまみ
　にんにく（みじん切り）…… 少量
　オリーブ油 …… 大さじ1

1 パート・ブリゼを3mm厚さにのばし、型に角までしっかり敷き込む。底にフォークなどで穴をあけてタルトストーンをのせ、170℃のオーブンで20分焼く。重石をはずし、さらに15分焼く。

2 玉ねぎはバターであめ色になるまで炒め、バットに移して冷ます。

3 アーティチョークはレモン果汁を加えた湯で塩ゆでする。串がすっと入るくらいになったら、水気をきって冷まし、縦に8等分に切る。

4 鴨のコンフィは皮と骨を取ってボウルに入れ、肉をほぐし、**3**、タスマニアマスタードを加えて混ぜる。

5 **1**の型に**2**を敷き入れ、**4**をのせる。合わせたAをふり、200℃のオーブンで5分焼く。

鯵のマリネとからすみ
Chinchards marinés à la boutargue

材料（6人分）
鯵のマリネ（p.45参照）
…… フィレ2～3枚
ヴィネグレットソース（p.103参照）
…… 適量
レモン風味のフロマージュ・ブラン
（p.103参照）…… 適量
A｛からすみ（薄切り）…… 18枚
　ラディッシュ（輪切り）…… 18枚
　エシャロット（輪切り）…… 適量
　レモンの皮（せん切り）…… 適量
　シブレット（3cm長さ）…… 適量
　ピンクペッパー …… 少量

1 鯵のマリネはそぎ切りにし、ヴィネグレットソースを塗る。

2 器にレモン風味のフロマージュ・ブランを敷き、**1**、Aを順にのせる。

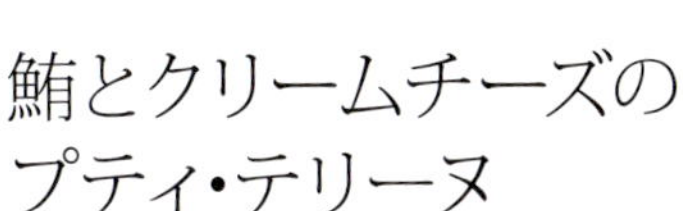

鮪とクリームチーズのプティ・テリーヌ

Petite terrine de thon mi-cuit au fromage à la crème

材料（プティ・テリーヌ型1本分）

鮪 …… 600g
小松菜（葉の部分）…… 2束分
きゅうり …… 2本
コンソメ（p.66参照）…… 50g
ゼラチン …… 9g
クリームチーズ（常温にもどす）…… 100g
生クリーム …… 50g
塩、こしょう …… 各適量

1 鮪は棒状に切り、両面に塩、こしょうをする。焼き網を強火にかけて鮪をのせ、表面をあぶる。バットに移し、冷ます。

2 型にラップを敷く（p.20参照）。小松菜は塩ゆでし、型に敷く（p.45-2、3参照）。

3 きゅうりは縦に4等分に切り、種の部分を取り除く。さっと塩ゆでし、氷水にとり、水気をきる。

4 鍋にコンソメを入れて火にかけ、沸騰したらゼラチンを加え、再び沸騰させる。ボウルにクリームチーズを入れ、ゼリー液を加えて混ぜる。生クリームを六分立てにして加え、塩で味を調える。

5 型に ***3***、***4***、鮪を交互に入れる。小松菜をかぶせ、ラップをかけ（p.21参照）、冷蔵庫で半日冷やす。

オリーブのマリネ

Olives marinées

材料（6人分）

A ｛ オリーブ油 …… 20㎖
　　にんにく …… 1/2かけ
　　赤唐辛子 …… 1本
　　タイム …… 2枝
　　ローリエ …… 1枚
B ｛ 緑オリーブ …… 200g
　　黒オリーブ …… 200g
白ワイン …… 30㎖
E.V.オリーブ油 …… 150㎖

1 鍋にAを入れて弱火にかけ、香りが出たらBを加えてひと混ぜし、白ワインを加え、沸騰したら火からおろす。ボウルに移し、底を氷水に当てて冷ます。E.V.オリーブ油を加えて混ぜる。

パーティーの献立
大皿の着席スタイル

Pour un repas assis

パーティーの献立
大皿の着席スタイル

Pour un repas assis

着席スタイルですが、お料理の大皿を食卓にレイアウト。
カトラリーやグラスなど、きちんとセッティングして改まった雰囲気に。
料理は華やかな形状に仕立てて、味の組み合わせにも工夫を凝らしました。
ガラス瓶に詰めたり、キューブやロールに飾ったりするなど、独特なフォルムにするとスタイリッシュな雰囲気に。
メニューはすでにこれまでのページで登場しているお料理をアレンジすることも心がけました。
パーティーシーン以外でもきっとお役立てていただけると思います。

Menu

1. 海老とカラフルオムレツ、シメイのヴェール
Terrine à l'omelettes en couleur et crevettes à la Chimay

2. アンディーブにのせた鶏ささみとカプリス・デ・デューのサラダ
Salade d'endives aux blancs de poulet et au Caprice des dieux

3. 瓶に詰めたサーモンのリエットとアボカド、レフォールの香り
Rillettes de saumon en bocaux avec avocats et crème de raifort

4. 白レバーのムースと青りんご、マッシュルームのエクレア
Eclairs à la mousse de foie blanc, pommes vertes et champignons

5. 黒トリュフ入りじゃがいものピュレとずわい蟹のロール
Rouleaux de chou farcis aux pommes de terre et au crabe des neiges à la truffe

6. フォワグラといちじくのプティ・テリーヌ
Petite terrine de foie gras aux figues

海老とカラフルオムレツ、シメイのヴェール

Terrine à l'omelettes en couleur et crevettes à la Chimay

材料（6人分）

カラフルオムレツのテリーヌの生地
（p.27参照）…… 5/6量（21×17cmのバット1枚分）
車海老（殻つき）…… 2尾
トマトマヨネーズ（p.100参照）…… 6g
シメイビールのジュレ（下記参照）…… 4cm角を6枚

1 カラフルオムレツのテリーヌの要領で、バットに6層のテリーヌを作る。冷蔵庫で半日冷やし、3cm角程度のキューブ状に切る。

2 車海老は背わたを取って塩ゆでし、頭と殻を取り、2cm長さに切る。

3 **1**にトマトマヨネーズを塗り、車海老、シメイビールのジュレをのせる。

シメイビールのジュレ

シメイビール …… 100mℓ
A ｛トマトのエキス（p.37参照）…… 70mℓ
　 パールアガー8（p.106参照）…… 4.5g

1 鍋にシメイを入れて火にかけ、アルコール分を飛ばす。Aを加えて再び沸騰させ、あくを取る。1～2mm程度の厚みになるようにバットに漉し入れ、冷蔵庫で冷やし固める。

アンディーブにのせた鶏ささみとカプリス・デ・デューのサラダ

Salade d'endives aux blancs de poulet et au Caprice des dieux

材料（6人分）

※カプリス・デ・デューはフランスのクリーミーな白カビタイプのチーズ。

アンディーブ …… 6枚
鶏ささみ …… 2本
ブロッコリー（小房に分ける）…… 18房
生ベーコン（細切り）…… 30g
ヴィネグレットソース（p.103参照）…… 適量
A ｛カプリス・デ・デュー（1cm角）…… 約80g
　 クルトン（下記参照）…… 適量
塩、こしょう …… 各適量

1 アンディーブは冷水に浸け、パリッとさせ、水気をきる。

2 ささみは筋を取り、塩、こしょうをし、常温におく。ブロッコリーは塩ゆでし、氷水にとって水気をきる。ブロッコリーのゆで汁でベーコンをさっとゆでる。同じゆで汁にささみを入れ、弱火でゆっくりゆでる。

3 ボウルに**2**を入れ、ヴィネグレットソースであえ、塩、こしょうで味を調える。

4 **1**に**3**、Aを盛る。

クルトン

食パン（1cm角）…… 適量
バター …… 適量

1 フライパンにバターを熱し、食パンを入れる。弱火でバターが泡立つ状態を保ち、きつね色に焼く。ざるに上げて油をきる。

瓶に詰めたサーモンのリエットとアボカド、レフォールの香り

Rillettes de saumon en bocaux avec avocats et crème de raifort

材料（6人分）

サーモンのリエット（p.113参照）…… 240g
アボカド（5mm角）…… 3/4個分
アルファルファ …… 適量
レフォールクリーム（下記参照）…… 適量
ピンクペッパー …… 適量
ディル …… 適量

1 瓶にサーモンのリエットを入れ、アボカド、アルファルファをのせ、レフォールクリーム、ピンクペッパー、ディルを飾る。

レフォールクリーム

レフォール（冷凍）…… 15g
A { 白ワインビネガー …… 1滴
グラニュー糖 …… 少量 }
生クリーム …… 80g
塩 …… 少量

1 レフォールはAを加えて包丁でたたき、香りを出す。

2 ボウルの底を氷水に当て、生クリーム、**1**を入れ、空気を入れないように混ぜ合わせ、塩で味を調える。

白レバーのムースと青りんご、マッシュルームのエクレア

Eclairs à la mousse de foie blanc, pommes vertes et champignons

材料（6本分）

エクレア（右記参照）…… 6本
白レバームース（下記参照）…… 300g
青りんご（細切り）…… 1/8個分
マッシュルーム（細切り）…… 2個分

1 エクレアは上から1/3ほどの位置を横に切る。

2 白レバームースは絞り袋に入れ、エクレアの下側に絞り、青りんご、マッシュルームを飾り、エクレアの上側をのせる。

白レバームース

鶏白レバーペースト（p.117参照）…… 180g
バター（常温にもどす）…… 90g
生クリーム …… 30g
塩、こしょう …… 各適量

1 レバーペーストは漉し、ポマード状のバターと練り合わせ、生クリームを加えて混ぜ、塩、こしょうで味を調える。

エクレア（約20本分）

A { 水 …… 65g
バター …… 60g
塩 …… 1.5g
グラニュー糖 …… 2.5g }
B { 強力粉 …… 15g
薄力粉 …… 65g }
全卵 …… 3個
パン・デピスパウダー …… 少量

1 大きめの鍋にAを入れて強火にかけ、しっかり沸騰させ、火を止める。合わせてふるったBを加え、木べらでよく混ぜる。再び中火にかけ、鍋底に生地の膜ができるまでしっかり練る。

2 火からおろし、粗熱をとる。溶きほぐした卵を少量ずつ加え、しっかり練り、すくうとゆっくり落ちるくらいの濃度にする。

3 **2**を絞り袋に入れ、天板に11cmの棒状に絞り出す。パン・デピスをふり、霧吹きで表面に霧を吹く。180℃のオーブンで約20分焼く。

黒トリュフ入りじゃがいものピュレとずわい蟹のロール
Rouleaux de chou farcis aux pommes de terre et au crabe des neiges à la truffe

材料（6人分）

小松菜（葉の部分）…… 1/5束分
ずわい蟹足肉 …… 8本
とびこ …… 40g
キャベツ …… 3枚
トリュフ風味のじゃがいもピュレ（p.63参照）…… 250g
万能ねぎ（塩ゆでする）…… 適量

＊盛りつけ
セロリ（せん切り）、とびこ …… 各適量

1. 小松菜のシートを作る（p.45-2参照）。サイズは約幅16×長さ8cm。巻きすにのせ、蟹、とびこを並べ、巻く。
2. キャベツのシートを作る（p.87-3参照）。サイズは約幅16×長さ15cm。巻きすにのせ、じゃがいもピュレを薄く塗る。**1**を中心に置き、しっかり巻く。冷蔵庫で半日以上冷やし固める。
3. **2**を2.5cm幅に切り、万能ねぎを巻いて結び、セロリ、とびこを飾る。

フォワグラといちじくのプティ・テリーヌ
Petite terrine de foie gras aux figues

材料（プティ・テリーヌ型1本分）

鴨のフォワグラ …… 750g
セミドライいちじく（縦に4等分）…… 100g
A｛塩 …… 8.8g
　こしょう …… 1.8g
　グラニュー糖 …… 1.5g
　アルマニャック …… 少量

1. フォワグラはさっと洗い、ペーパータオルで水気を拭く。バットに並べて常温にもどし、柔らかくなったら指で押して割り、血管を骨抜きで取る。Aをふり、元の形に整える。
2. 型に直接フォワグラといちじくを押し込むように詰める。アルミ箔でふたをし、80℃、湿度20％のオーブン（コンビモード）で約40分焼く。バットにのせ、アルミ箔をはずし、平ら板をのせて重石をし、冷蔵庫で一晩冷やし固める。重石をして出てくる脂はとっておく。
3. 表面をならし、**2**で出てきた脂を溶かして流す。

Prologue
Notre magnifique collection de terrines
p2
p5
p6
p7
p8
p9
p10
p11
p12
p13
Chapitre
1
Terrines de saison
p25
p26
p28
p30
p32
p34
p36
p38
p40
p42
p44
p46
p48
p50
p52
p54
p56
p58
p60
p62

p64
Chapitre
2
Plats traditionnels et terrines reconstituées
p67
p68
p69
p72
p73
p76
p77
p80
p81
p84
p85
p88
p89
p92
p93
p96
p97
Chapitre
3
Rillettes et pâtés
p107
p108-109
p110
p111
p112
p114
p115
p116
p118
Chapitre
4
Terrines sucrées
p119
p120
p122

p124
p126
p128
p130
p132
p134
p136
p138
p140
p142
p144
Chapitre
5
Art de la table
avec
des terrines
p147
p148
p150
p154
p156
p160-161
p163
p163
p164
p164
p165
p165
p166-167
p169
p169
p170
p170
p171
p171

Column

レザンファン ギャテがプロデュース

ラ ボンヌ テリーヌ

la bonne terrine

お持ち帰り専門のテリーヌ工房

「ラ ボンヌ テリーヌ」は、テリーヌのお取り寄せ工房として 2012 年にスタート。本店の「レザンファン ギャテ」でも、テリーヌのテイクアウトは可能ですが、種類も限られ、冷蔵扱いのところ、「ラ ボンヌ テリーヌ」では、よりお取り寄せが楽しめるよう冷凍に特化しています。手作りにこだわって工房専門のシェフが常駐。テリーヌは本店のレシピを再現したものや工房オリジナルも含め、約 20 種（スウィーツテリーヌも含む）が揃います。ギフトやいろいろ楽しみたい方向けには、プティテリーヌの詰め合わせもラインアップされています。ほかにもリエット、スープ、フレンチ仕立てのお惣菜などが揃い、ちょっと贅沢なおうち時間を楽しみたい方に喜ばれています。季節商品にはおせちもあり、毎年好評です。

http://www.labonneterrine.com/

松澤 直紀 Naoki Matsuzawa

1970年生まれ。武蔵野調理師専門学校卒業後、数軒の都内フレンチレストランで修業。2007年「レザンファン ギャテ」オープニングよりシェフに就任。現、グループ取締役統括総料理長。プロ向けの講習会でも活躍している。

Message

おわりに
2014年に刊行された『レザンファン ギャテのテリーヌ』から10年、このたび愛蔵版として本書をお届けできることに格別の喜びを感じています。そして何より、テリーヌという料理に興味をお持ちいただき、この本を手に取ってくださった皆様に、心より感謝申し上げます。初めての書籍のときは緊張感が常にあり、一進一退ながら丁寧に撮影を進めていただき、それが1冊に結実した時の嬉しさは今も忘れられません。今回は愛蔵版ということで、新しく加わったレシピもあります。テリーヌはフランスの伝統料理ですが、柔軟な発想で、味の組み合わせの妙をその中に込めることができるシェフ冥利に尽きる料理です。華麗で精緻なテリーヌの断面は、まさに「レザンファン ギャテ」の独断場だと自負しています。奢らず、怯まず、これからも感動のある美しさと美味しさに満ちたテリーヌを、お届けしていきたいと思います。
-松澤直紀-

藤井 由美 Yumi Fujii

「レザンファン ギャテ」オーナー。姉妹店に一軒家レストラン「T'SUKI sur la mer」、手打ち蕎麦の「夕星」（ゆうづつ）、お取り寄せ工房「la bonne terrine」がある。

愛蔵版
レザンファン ギャテのテリーヌ
一皿の美学 プロの技と珠玉のレシピ

発 行 日　2024年12月25日　初版第1刷発行

著　　者　レザンファン ギャテ
発 行 者　岸 達朗
発　　行　株式会社世界文化社
〒102-8187
東京都千代田区九段北4-2-29
電話　編集部 03（3262）5118
　　　販売部 03（3262）5115

印　刷 共同印刷株式会社
製　本 株式会社大観社

ISBN978-4-418-24310-5

本書は2014年刊行『レザンファン ギャテのテリーヌ』（編集：坂本敦子＋世界文化クリエイティブ）収録レシピから厳選、新たな料理を加えて再構成したものです。

● メニュー考案&調理　松澤直紀
● スタイリング&グラフィックデザイン　藤井由美

STAFF
撮影　工藤雅夫
装丁・レイアウト　釜内由紀江、井上大輔（GRiD）
校正　株式会社円水社
DTP　株式会社明昌堂
編集・文　河合寛子
編集部　川崎阿久里（世界文化社）

【撮影協力】

● Verre
[moriyama、Jean Louis Coquet, Jaune de chrome etc.]
東京都渋谷区恵比寿南3-3-12

● Astier de Villatte
173 rue Saint Honoré, 75001 Paris

本の内容に関するお問い合わせは、以下の問い合わせフォームにお寄せください。
https://x.gd/ydsUz

Les enfants gâtés
la bonne terrine
Les enfants gâtés
la bonne terrine
Les enfants gâtés
la bonne terrine
Les enfants gâtés
la bonne terrine
Les enfants gâtés
la bonne terrine
Les enfants gâtés
la bonne terrine
Les enfants gâtés
la bonne terrine
Les enfants gâtés
la bonne terrine
Les enfants gâtés
la bonne terrine
Les enfants gâtés
la bonne terrine
Les enfants gâtés
la bonne terrine
Les enfants gâtés
la bonne terrine
Les enfants gâtés
la bonne terrine
Les enfants gâtés
la bonne terrine
Les enfants gâtés
la bonne terrine
Les enfants gâtés
la bonne terrine
Les enfants gâtés
la bonne terrine
Les enfants gâtés
la bonne terrine
Les enfants gâtés
la bonne terrine
Les enfants gâtés
la bonne terrine
Les enfants gâtés
la bonne terrine
Les enfants gâtés
la bonne terrine
Les enfants gâtés
la bonne terrine
Les enfants gâtés
la bonne terrine
Les enfants gâtés
la bonne terrine
Les enfants gâtés
la bonne terrine
Les enfants gâtés
la bonne terrine
Les enfants gâtés
la bonne terrine
Les enfants gâtés
la bonne terrine
Les enfants gâtés
la bonne terrine
Les enfants gâtés
la bonne terrine
Les enfants gâtés
la bonne terrine
Les enfants gâtés
la bonne terrine
Les enfants gâtés
la bonne terrine
Les enfants gâtés
la bonne terrine
Les enfants gâtés
la bonne terrine
Les enfants gâtés
la bonne terrine
Les enfants gâtés
la bonne terrine
Les enfants gâtés
la bonne terrine
Les enfants gâtés
la bonne terrine
Les enfants gâtés
la bonne terrine
Les enfants gâtés
la bonne terrine
Les enfants gâtés
la bonne terrine
Les enfants gâtés
la bonne terrine
Les enfants gâtés
la bonne terrine
Les enfants gâtés
la bonne terrine
Les enfants gâtés
la bonne terrine

Les enfants gâtés

la bonne terrine